Para Nicole, Adan and Ryan

Con todo mi cariño y amor

Barbara Menera

julio 2007

Meneses Montgomery, Bárbara
   CQP 1.0 : una aventura para liberarte del bullying y otras formas de acoso. -
1a ed. - Buenos Aires : Deauno.com, 2007.
   196 p. ; 21x15 cm.

   ISBN 978-950-9036-70-3

   1. Autoayuda. 2. Acoso Escolar. I. Título
   CDD 158.1

Queda rigurosamente prohibida, sin la autorización escrita de los titulares
del copyright, bajo las sanciones establecidas por las leyes, la reproducción
total o parcial de esta obra por cualquier medio o procedimiento,
comprendidos la fotocopia y el tratamiento informático.

© 2007, Bárbara Meneses Montgomery, Andalucía, España.
© 2007, Deauno.com (de Elaleph.com S.R.L.)

Una creación de *Monjes Locos*
(Proyecto de creaciones literarias fundado por Craig Stuart Garner y Bárbara
Meneses Montgomery).
 www.monjeslocos.com. Contacto: monjeslocos@gmail.com

Ilustración de portada: Matriz de amor © B. Meneses Montgomery (2004)

Primera edición

ISBN 978-950-9036-70-3

Hecho el depósito que marca la Ley 11.723

Impreso en el mes de mayo de 2007 en
Publidisa, España.

BÁRBARA MENESES MONTGOMERY

CQP 1.0

UNA AVENTURA
PARA LIBERARTE DEL 'BULLYING'
Y OTRAS FORMAS DE ACOSO

deauno.com

Este libro está dedicado, con amor, respeto y gratitud,
a toda la gente joven
y al niño y la niña interior que habita dentro
de cada uno de nosotros
con la esperanza de que,
con ésta y otras semillas,
despierte a su verdadera esencia.

A Craig Stuart Garner,
quien ilumina mi corazón
con una luz que sólo él sabe irradiar,
y cuya profunda sabiduría
regó cada página de
este libro.

Índice

PRÓLOGO
Sobre acosadores o cobardes 9

CAPÍTULO 1
Desesperación 13

CAPÍTULO 2
Descubriendo el programa 23

CAPÍTULO 3
Un sábado en el campus 49

CAPÍTULO 4
Todo comienza con un primer paso 65

CAPÍTULO 5
La trampa 77

CAPÍTULO 6
Salir de la trampa 89

CAPÍTULO 7
El secreto de No-Dos 99

CAPÍTULO 8
La auténtica varita mágica 113

CAPÍTULO 9
ABSENT SIGNIFICA AUSENTE 127

CAPÍTULO 10
LOS MISTERIOS DE KOTI-KOTI 137

CAPÍTULO 11
BIBILOK 153

CAPÍTULO 12
LA NORIA 171

CAPÍTULO 13
EL BAÚL 181

APÉNDICE
TOQUES MÁGICOS CONTRA EL ACOSO ESCOLAR 185

    Cómo aplicar los Toques Mágicos 187

    Puntos a tocar 188

        Cara: 188

        Cuerpo: 188

        Manos: 188

        Cabeza: 188

    La elección de la frase determinante 188

    Protocolo de Toques Mágicos para el acoso escolar 189

    Ejemplos de frases 192

    Duración del tratamiento con los TM 193

    La técnica de la película 194

    Toques Mágicos para elevar los ánimos 194

    Para más información sobre EFT: www.emofree.com 195

PRÓLOGO

SOBRE ACOSADORES O COBARDES

El *bullying* no es un invento de reciente creación. Al contrario, se trata de una acción que acompaña al ser humano desde su aparición sobre la faz de la tierra. Podemos incluso decir que hasta hace muy poco, ésta forma de agresión ha sido una herramienta imprescindible para sobrevivir en un mundo donde al parecer, sólo los más fuertes tenían derecho a salir adelante.

Nuestra Historia, desde sus orígenes hasta nuestros días, se ha tejido en gran medida gracias al *bullying*. Incluso hoy, sucede en todos los escenarios de nuestra vida cotidiana, entre padres e hijos, entre hombre y mujer, entre mujer y hombre, entre personas del mismo sexo, de un dirigente a otro, entre todas las razas y culturas. El *bullying* se haya presente y bien anclado en el reino animal y quizás es de ahí, de donde el hombre lo ha adoptado y abrazado como un hábito y una forma de relacionarse con sus semejantes y otras especies.

Este comportamiento agresivo siempre conlleva una forma de contraataque por lo que realmente, se trata de un acto que se perpetúa y alimenta a sí mismo y cuya rabiosa energía, similar a la de un fuego descontrolado en un bosque, amenaza con destruir todo lo que a su paso encuentra.

Así que sin olvidar que nuestro *fiel* acosador ha estado presente a lo largo de toda nuestra Historia y que su comportamiento fue en nuestros comienzos esencial para nuestra supervivencia, cabría preguntarse ahora si existe un modo de erradicar éste desfasado rasgo que aún cargamos a cuestas en nuestro bagaje genético. ¿Acaso no ha llegado ya el momento de que lo dejemos yacer adormecido en nuestra estructura molecular?

En tiempos pasados, la capacidad de acosar, intimidar y agredir fue siempre considerada como una señal de fuerza mientras que en la actualidad, su única seña de identidad es la debilidad. Este comportamiento enraizado en la psique del agresor, en lugar de ser transformado por el propio *bully* es inyectado con rabia, cual veneno, en sus víctimas, ofreciendo así una falsa sensación de alivio y euforia al acosador. Por supuesto este alivio durará poco y pronto, el *bully* se encaminará, preso él también de ésta dinámica, en busca de una nueva oportunidad de atacar.

Hoy por hoy, el primer paso que podemos dar es el de eliminar la glorificación y heroicidad con la que antaño la Historia trató a los *bullies*. Un ejemplo de cómo pueden cambiar las cosas en un sentido positivo fue cuando la Humanidad logró abolir -por lo menos sobre papel-, el trabajo infantil en las minas e industrias de muchos países, incluida la industria bélica. La presencia infantil en el mundo del trabajo y de las guerras es considerada hoy en día como algo socialmente inaceptable y aunque dista de estar erradicada, sí se han dado pasos gigantescos en esa dirección. En su día, esos cambios no fueron fáciles y deberíamos honrar a aquellos corazones y mentes que lucharon por ellos.

Así mismo, podemos iniciar acciones similares con respecto al problema del *bullying*, al principio aportando nuestras ideas y luego preparando el entorno idóneo para operar los primeros cambios tangibles. Es evidente que se trata de una labor enorme que necesita ser abordada de una forma muy gradual y multidisciplinar. Un proceso que requiere firmeza y paciencia.

En la historia narrada en CQP1.0 hemos mostrado cómo pueden transformarse los efectos del *bullying* mediante un cambio de nuestro punto de vista. Entendemos que éste es siempre el primer paso hacia el cambio, logrando apartarnos mental, emocional y psicológicamente de la desgarradora lucha en la que nos vemos inmersos a causa de los hábitos adquiridos por las generaciones pasadas.

Hay un matiz que merece nuestra atención, cuya importancia es básica y a menudo olvidada: existe una enorme diferencia entre el *bullying* y la autodefensa. El *bullying* es una acción que siempre se emprende a expensas de otra persona mientras que el defenderse es un acto de respeto por uno mismo a nivel personal y social. Curiosamente, es éste respeto propio el que nos es a menudo arrebatado cuando estamos siendo acosados ya que nuestros agresores siempre nos hacen sentir como si no tuviéramos valor alguno. Esto es lo peor que puede pasarle a un ser humano. Algunas personas eligen conscientemente tirar por la borda su autoestima, pero que te sea robada tu propia dignidad es una desgracia. Esta tragedia constituye uno de los mayores fracasos de la Humanidad y nos muestra que nuestro proceso de evolución global, hasta la fecha, ha sido manchado por la vergüenza.

Así que ¿por qué no hemos logrado enterrar nuestra vergüenza en lugar de camuflarla entre las vestiduras de ese viejo hábito que hoy llamamos *bullying*? ¿Qué es lo que nos ha impedido dar el paso más lógico de todos y desprendernos de éste comportamiento tan insano? La respuesta se encuentra escondida en el cobarde que habita en el interior de cada *bully* y en definitiva, dentro de cada uno de nosotros.

Es el cobarde dentro de cada acosador el que prefiere deslizarse de ese modo por la vida dando sentido al refrán que reza: «*Los héroes existen mientras los cobardes les dejan*». Parece como si quien condujera las riendas de la Humanidad, a menudo haya sido el cobarde que habita dentro de dominantes y dominados. Si un acosador es derrotado, poco importa, la cobardía imperante siempre creará un nuevo agresor.

Es desde ésta perspectiva que, en CQP 1.0, abordamos el *bullying* y los remedios para erradicarlo. Una perspectiva de respeto hacia uno mismo, dignidad, plena honestidad y eliminación de los viejos condicionamientos y hábitos que ya no son necesarios, incluida la cobardía. Más que con violencia y juegos de poder, creemos que en ésta vida que nos ha tocado vivir, en ésta hermosa Tierra que nos ha tocado compartir, podemos evolucionar juntos hacía un brillante futuro con respeto, diálogo y comprensión.

CRAIG STUART GARNER

CAPÍTULO 1

DESESPERACIÓN

«Estoy agobiao. No sé cómo salir de ésta», escribió Goyo en media cuartilla. Arrugando el papel con todas sus fuerzas con la mano izquierda, el chico buscó de reojo y con temor la mirada de Rafa y sus colegas. Suspiró aliviado. Cotilleaban una revista de motor escondida bajo el pupitre. El profesor de literatura, visiblemente cansado, dictaba un poema. Casi toda la clase escribía medio dormida, prestando una leve atención a aquellos versos que se amontonaban sobre el papel formando una mancha de tinta, que ningún alumno se dignó a descifrar y mucho menos a saborear. Poco se podía esperar de un viernes a las 13.30. Las perspectivas ante aquel fin de semana de mayo, entre risas y juergas, atraían a los estudiantes más que la poesía

Pensando en que pronto sonaría la campana y que de nuevo tendría que enfrentarse a la pandilla de Rafa, Goyo sintió cómo sus manos comenzaron a sudar y aquel papel arrugado le estorbó. El chico lo tiró por la ventana y continuó escribiendo al dictado del profesor. «Vaya paciencia tiene con nosotros este hombre», pensó...

No habían pasado ni dos minutos cuando, de pronto, por la misma ventana por la que había tirado aquella nota, un segundo papel algo más grande y apelotonado aterrizó sobre la mesa de Goyo. «¿Y esto?», se preguntó desplegándolo con cuidado de no ser visto por nadie.

«La respuesta es: Claro Que Puedes, o, si lo prefieres: CQP 1.0», leyó. El alumno se quedó pensando unos segundos, intentando averiguar si aquel segundo papel escrito en mayúsculas con un rotulador grueso

— 13 —

azul era una respuesta a su primer mensaje o una casualidad. «*¿Claro que puedes CQP 1.0?*, ¿qué narices es esto?», se preguntó absolutamente intrigado.

Intentando hacerse invisible a los ojos de Rafa y del profesor, Goyo se levantó de su asiento y se asomó rápidamente por la ventana en busca de una explicación. El patio estaba desierto. No había ni un alma a excepción del viejo jardinero a unos doscientos metros de allá, por lo que enseguida descartó que aquel hombre fuera el autor del mensaje. «Además a ese viejo jamás se le ocurriría usar jerga informática en un mensaje así», pensó.

La campana estaba a punto de sonar y el profesor concedió los últimos minutos a sus alumnos para que revisaran la ortografía del dictado antes de entregárselo. Goyo se levantó para salir el primero y así escabullirse de los insultos de la panda cuando otro papel arrugado vino a caer encima de su carpeta. Lo cogió precipitadamente. Tras entregar el dictado, abrió el papel y leyó:

«Claro Que Puedes 1.0 es un programa experimental que puede liberarte de los acosos que estás sufriendo, ¿quieres probarlo? Si es así, te espero el lunes en el recreo detrás del comedor. Firmado: Un antiguo A. A.»

Por primera vez en muchos meses, Goyo abandonó el aula con una sensación de excitación en lugar de hacerlo con miedo. Los intrigantes mensajes habían hecho que se olvidara por un momento de su peor pesadilla, los ataques constantes e indiscriminados de Rafa y sus cuatro amigos o, mejor dicho, cobardes sirvientes. Goyo era un joven más bien tímido, ni alto ni bajo, ni feo ni guapo, algo relleno y torpe en sus maneras, por lo que enseguida fue escogido por Rafa como blanco de toda su ira, su violencia y su venenosa lengua. En alguna ocasión, Goyo había sido zarandeado por el chico hasta el punto de caer por las escaleras, pero no se había atrevido a denunciarlo. Pensó que si a partir de entonces se hacía invisible a los ojos de aquel chico, éste con el tiempo se olvidaría de él. Pero varios meses habían transcurrido y la táctica de Goyo no había dado buenos resultados. Los demás chicos de la clase estaban comenzando a simpatizar con Rafa por considerar que Goyo se había acobardado y prefería ocultarse como «un *gallinator*», el último insulto con el que Rafa le taladraba cuerpo y alma.

«¿Qué puede significar *un antiguo A. A.*?», se preguntó el chico corriendo en busca del autocar que le llevaba todos los días a casa, en la zona norte. «*¿A. A.* de Antiguo Alumno?, *¿A. A.* de... Alcohólicos Anónimos...? No. No creo que signifique nada de eso...», pensó.

Los fines de semana no eran muy alegres para Goyo. Su padre siempre andaba de viaje demasiado ocupado en su nuevo cargo como jefe de ventas de una empresa de regalos. Su madre, dependienta en una tienda de ropa, acostumbraba a pasarse el fin de semana tumbada en el sofá y colgada del teléfono, quejándose del dolor de piernas que le producían las ocho horas que pasaba al día de pie. Su hermanita Luisa era la única dispuesta a participar en algún juego con él, pero Goyo, con sus trece años, no tenía muchas ganas de aquello. Sus amigos del barrio se habían distanciado un poco de él en los últimos tiempos porque sus padres no le dejaban salir los sábados hasta las once de la noche, como a otros chicos. De haber podido, tampoco hubiera aprovechado aquellos momentos de juerga. Las agresiones en el colegio le tenían más que preocupado. Cada día se sentía más y más hundido y aquello empezaba a verse reflejado en algunos exámenes, poniendo en peligro la buena marcha del curso.

Pero aquel fin de semana, hasta sus padres notaron un cambio en el joven. Por primera vez en meses, Goyo sonreía en silencio, ensimismado, saboreando excitado la puerta que ante él se acababa de abrir: una aventura, un desafío esperándole el lunes, en el recreo, detrás del comedor. Porque lo tenía claro: Goyo había tomado la decisión de probar suerte con aquel remedio tan extraño. «No tengo nada que perder y mucho que ganar», se dijo, aunque, a decir verdad, acudiría a esa cita más que nada por curiosidad. Ardía en deseos de desvelar la identidad de aquel misterioso comunicador.

El lunes por la mañana, Goyo se levantó dos horas antes. No podía dormir. Estaba ansioso. Limpió sus deportivas lo justo y necesario para que su madre no le riñera al pasar revista a su indumentaria y, una vez aseado, se sentó encima de su cama para hacer tiempo.

Repasó una y otra vez los singulares hechos que le sucedieron el viernes a última hora, en busca de alguna nueva pista o detalle que se le hubiera escapado. Saboreó cada instante y miró una y otra vez las dos notas de papel que había conservado celosamente como preciados tesoros. Goyo estaba tan absorto en su ensoñación que ni se dio cuenta de que, justo antes de ir a desayunar, un oscuro presentimiento entró sigiloso por la parte trasera de su mente y se apoderó de él por completo. Su rostro se agrietó, sus ojos se hundieron, su ceño se frunció y su estomago se bloqueó. «¿Y si los mensajes habían sido enviados por algún cómplice de Rafa?», «¿y si todo era una trampa?», se preguntó entonces.

Como una cruel vuelta de tuerca del destino, a Goyo se le vino el mundo encima. Todo el entusiasmo del fin de semana se desvaneció por completo y su cuerpo volvió a adoptar el mismo semblante que cuando sufría los embistes de sus agresores. Su espalda se encorvó, sus ojos se clavaron al suelo, su andar se hizo torpe e inseguro, sus pelos se erizaron, un sudor frió recorrió su espalda, su visión se nubló. En cuestión de segundos, el joven dejó de ser persona para convertirse en un amasijo informe de nervios y miedo.

Se esfumó de casa sin apenas despedirse de su madre, avergonzado de sí mismo por haber vuelto a caer, una vez más, presa de su cobardía y debilidad.

—¿Qué te pasa? Tienes mala cara —preguntó Marta, una compañera del colegio, sentándose a su lado en el autobús.

—Nada, he dormido mal —musitó Goyo.

—¿Te sabes el examen de mates? —prosiguió ella.

—No muy bien, ya sabes que no se me dan bien los números —gruñó él.

—Te noto muy tenso... ¿Estás seguro de que es sólo por el examen? ¿No hay nada más? —insistió Marta.

Goyo se encogió de hombros y dio la espalda a su amiga, zanjando así una conversación que precisamente aquel día no estaba dispuesto a tener. Aquel gesto no le gustó a Marta, quien hacía ya tiempo que sospechaba que algo malo le ocurría a aquel chico. «Problemas en casa o con algún gamberro de su clase», pensó ella en más de una ocasión. Pero Goyo no era de conversación fácil y mucho menos con una chica.

Al sonido de la campana, los alumnos más rezagados se precipitaron en el interior de la clase. Javier, el profesor de matemáticas, cerró la puerta y comenzó a distribuir las preguntas del examen por escrito. Una ola de nerviosismo recorrió la clase. De los veinte alumnos, podría decirse que tan sólo cuatro respiraban con normalidad. El resto contenía la respiración deseando con todas sus fuerzas que aquel examen no contuviera preguntas incontestables o problemas de imposible solución.

–Tenéis cincuenta minutos para terminar –dijo el profesor sentándose con los brazos cruzados, sin perder de vista a los alumnos más propensos a sacarse de la manga una chuleta.

–Vosotros dos del fondo, mucho ojito con lo que hacéis –dijo en tono amenazador, señalando a Rafa y a su amigo Miguel.

Goyo hincó el codo y se sumergió de lleno en la faena de hacer el examen lo mejor posible. Los minutos fueron pasando lentamente. El tic-ac del reloj que colgaba en el centro de la pared, encima del encerado, era todo cuanto se escuchaba en la clase, seguido por algún que otro suspiro.

La campana sonó, el examen terminó y tras ello vino la clase de inglés, mucho más amena y divertida porque la profesora, Miss Higgins, acostumbraba a cantar canciones de los Beatles con su guitarra. A la pobre mujer, con sus cerca de cincuenta años, la bautizaron con el mote de *Carca-Hippie*. Desafinaba de lo lindo.

Durante los minutos que duró el *Let it be*, Goyo escudriñó a Rafa y su pandilla. Parecían absortos deshaciendo la trenza de María, una alumna de origen cubano a la que le sentaba muy mal que le tocaran el pelo siempre laboriosamente peinado. Aquella actitud tranquilizó al joven. Por un momento sus dudas se disiparon. No, no parecía posible que Rafa fuera el autor de aquellos mensajes lanzados desde el patio y que aterrizaron en la mesa del chico. Algo más tranquilo, el joven vigiló con su reloj el momento en que la campana sonara. Quería salir el primero de la clase y acudir a su misteriosa cita sin ser visto.

Al primer toque de timbre, cerró su carpeta y corrió hacia la puerta. Fue el primero en el pasillo, así que hizo una carrerilla sobrenatural para alcanzar las escaleras que descendían al patio y, una vez allí, corrió con todas sus fuerzas por los jardines hasta llegar al edificio circular habilitado como comedor. Allí miró a su derecha y a su izquierda para cerciorarse de no haber sido visto por ninguno de sus habituales agresores, y prosiguió su camino, bordeando el edificio, hasta llegar a la parte trasera, donde presumiblemente le esperaba aquel misterioso personaje.

Goyo llegó a la cita jadeando. No estaba muy en forma y, a decir verdad, las piernas le temblaban, poco acostumbradas a correr así.

No había nadie esperándole y aquello le decepcionó. Esperó unos minutos, andando de arriba abajo, muy inquieto. Por un instante, volvió a pensar que todo aquello era una broma o, peor aún, una encerrona de Rafa; ya estaba apunto de marcharse cuando, por fin, alguien apareció.

Una chica de último curso, alta y delgada, vestida con vaqueros y jersey rojo, pelo moreno recogido en una coleta, se apoyó en la pared cruzando los brazos. Miró a Goyo en silencio con una sonrisa pícara.

—¿Esperas a alguien? —preguntó la chica.

—¿Yo? ¿Me hablas a mí? —preguntó Goyo con aires de culpabilidad.

—No hay nadie más aquí salvo tú, yo y el aire que respiramos —dijo ella.

Goyo se quedó cortado. Que le dirigiera la palabra una chica «mayor» era suficiente como para estar nervioso dos días, pero encima esta chica en concreto emanaba un *yo—qué—sé*, una seguridad y confianza al hablar que dejaron al pobre chico sin pronunciar palabra. Dijera lo que dijera estaba claro que Goyo parecería un solemne idiota, o por lo menos así se sintió él.

—¿Eres tú quien lanzó esos papeles desde el patio el viernes? —se atrevió por fin a preguntar.

—Pues no, pero sé quién lo hizo y por eso estoy aquí —dijo ella.

—Si tú no has sido, ¿quién ha sido entonces? —inquirió el chico.

—Más que el quién, lo importante es el porqué —dijo ella en tono misterioso—. Pero bueno, eso lo entenderás en el futuro. Ven, sígueme, voy a presentarte a un amigo.

Goyo se apresuró a seguirla. Juntos se alejaron del comedor y se adentraron en los jardines.

—Por cierto, me llamo Angélica —dijo ella girándose hacia él—. Mis amigos me llaman Lika.

—¿A quién vamos a ver y por qué no acudió a la cita? —preguntó Goyo.

— 18 —

Lika se detuvo delante de unas jardineras. La tierra había sido removida y arada con un rastrillo rojo de plástico que descansaba en el suelo.

–Todo tiene su momento y el tiempo de estos crisantemos ha llegado –dijo Roge, el jardinero, acercándose con una bandeja de flores–. Tu tiempo también ha llegado, Goyo –dijo mirando al chico por encima de sus gafas, a punto de resbalar por su potente nariz.

–Bueno, chicos, os dejo. Tengo cosas que hacer –dijo Angélica saltando en brazos del jardinero y plantándole dos enormes besos en cada mejilla–. Adiós, Tío; nos vemos esta noche... Hasta luego, chaval –dijo girándose hacia Goyo.

–Adiós, Angélica –dijo Goyo algo cohibido.

Una vez a solas, Goyo se sintió incómodo delante del jardinero. Miró su reloj para ver cuánto tiempo de recreo le quedaba aún: unos diez minutos.

–Agáchate, ayúdame a plantar estas flores –dijo el hombre–. Me ha costado un poquito limpiar esta zona, porque se había llenado de malas hierbas. También en el reino vegetal existen los gamberros que impiden que las flores crezcan –dijo mirando a Goyo con una sonrisa que dejó al descubierto su enorme dentadura.

El chico sacó de su bolsillo los dos misteriosos mensajes y se los enseñó al jardinero alzando la mirada, incapaz de pronunciar palabra.

–Lo has hecho muy bien, has sido capaz de vencer tus dudas y miedos –dijo Roge dándole una palmada de admiración y respeto en la espalda.

Goyo continuó observando en silencio al jardinero, sorprendido por la gentileza y devoción con la que aquel hombre sin edad, de complexión fuerte y gruesos dedos, plantaba las flores en el seno de la tierra.

–¿Qué significa *A. A.*? –preguntó el chico desplegando la segunda nota que había recibido.

–*A. A.* es mi forma de decirte que yo fui en otros tiempos un Acosado, pero la historia no acabó allí. También me convertí con el tiempo en un Acosado Acosador.

Goyo se quedó mirando al jardinero sin saber qué decir. Un sinfín de preguntas se formularon solas en su mente, pero no fue capaz de pronunciar ninguna verbalmente. Intuyendo quizás todo el proceso de mental de Goyo, Roge intentó facilitar la situación al chico y le dijo:

—Antes de empezar, quiero que sepas que cuando el viernes escribiste con todo tu corazón que estabas harto de la situación en la que te encuentras, hiciste un acto de transformación tremendo. Le dijiste al mundo que no estás contento con tu vida, y al hacerlo abriste la puerta a un cambio profundo. Dicen de las flores que se comunican entre sí, aun estando muy separadas físicamente las unas de las otras. Yo también escuché tu grito y la razón por la que estamos aquí hoy es porque yo también he pasado por lo que tú estás pasando ahora, y sé el terrible sufrimiento que padeces. También sé que, ahora que estás harto de todo ello, es el momento de hacer algo para remediar esta situación. El viernes abriste una puerta, pero hoy te pregunto si estás dispuesto a cruzar más allá del umbral.

Goyo permaneció en silencio sopesando las palabras de aquel hombre, intentando encontrar en ellas la respuesta para saber si podía o no confiar en él.

—Ven, sujeta estas flores mientras yo echo el mantillo alrededor del tallo —dijo Roge interrumpiendo los pensamientos del chico.

—Señor, ¿usted puede ayudarme entonces? —preguntó Goyo.

—Llámame Roge. Creo que te puedo ayudar, pero el resultado depende de ti y de tus ganas de superar esto.

—Tengo ganas, señor... Perdón, quiero decir, Roge.

—Muy bien. Mira, ahora no podemos hablar, yo tengo cosas que hacer y la campana va a sonar.

—¿Si...?

—Ve a buscar a Lika y dile que te entregue el disquete. Allí encontrarás la primera parte de un programa experimental. Por eso se llama *1.0*. Nadie salvo sus creadores puede utilizarlo aún salvo en modo experimental. ¿Quieres ser nuestro segundo aprendiz? —preguntó Roge.

—¡Claro! —contestó Goyo entusiasmado—. Pero... ¿Quién es el primer aprendiz?

—Lika. Ella ha sido la primera en probarlo. ¿A que no parece estar muy maltrecha después de pasar por este proceso? —dijo el jardinero guiñando el ojo.

–No, la verdad es que está muy bien... –admitió Goyo.

–¡Ahá! Te gusta Lika, ¿eh? –rió Roge a carcajadas–. No me extraña; es una criatura encantadora. No te sonrojes. Es normal que te guste mi sobrina.

–¡No, no! ¡No quise decir eso! –gritó el chico.

–Venga, me tengo que ir. Echa un vistazo al disquete y si quieres lo hablamos el sábado en el gimnasio. Estoy de guardia durante el entrenamiento del equipo de fútbol, ¿podrás venir?

–Pediré permiso a mis padres, pero no prometo nada –contestó Goyo.

El chico se despidió del jardinero y salió en busca de su sobrina. Justo antes de que sonara la campana, localizó a Lika charlando con unas amigas, junto a la biblioteca.

–Me ha dicho tu tío que tienes algo especial para mí –le dijo.

Lika le cogió por el brazo y juntos se alejaron de sus amigas. Sin que nadie les viera la joven pasó el disquete al chico, quien lo ocultó rápidamente en un bolsillo de su pantalón.

–No quiero que mis amigas nos oigan. Esto es algo secreto... ¿Entonces has aceptado ser nuestra nueva cobaya? –preguntó de pronto la chica.

–No lo sé. Creo que sí –contestó Goyo–. Me tengo que ir... Gracias, eh –añadió antes de escabullirse de aquella tensa situación.

El resto del día, el chico se llevó las manos al bolsillo trasero de su pantalón cada diez minutos, cerciorándose así de que aquel intrigante disquete permanecía en su sitio. Por primera vez en mucho tiempo ni prestó atención a Rafa y su panda. Estaba demasiado eufórico imaginando qué podía contener ese pedazo de plástico informático de color azul, con una pegatina que rezaba «*CQP 1.0*».

CAPÍTULO 2

Descubriendo el programa

Aquella noche, cuando terminó de cenar, Goyo besó a su madre y a su padre y se despidió con la excusa de estudiar durante una hora antes de acostarse. Una vez en su cuarto, encendió el ordenador. Suspiró profundamente mientras el sistema operativo iba activándose. Los latidos excitados de su corazón se fundieron con la melodía de arranque del Windows. Sólo entonces insertó el disquete y se reclinó sobre su silla. Su pantalla se oscureció, y de pronto surgieron unas imágenes de gente joven sonriendo y un enorme arco iris. Después de aquella presentación, por fin comenzó a leer:

CQP 1.0
O si lo prefieres: 'Claro que Puedes 1.0'
Programa experimental para liberarte
del 'bullying' o acoso escolar.
(Y si tú quieres de muchas cosas más...)

Hola, bienvenido a CQP 1.0. ¿Te sientes cansado de ser acosado, agredido, insultado, herido, humillado por otros compañeros de clase o chicos del barrio, sin que tú hayas hecho nada en concreto para merecer este trato? ¿Te sientes culpable y avergonzado porque un grupo de chicos ha decidido que TÚ eres el blanco de todas sus bromas pesadas, sus insultos y ataques? ¿Te da cada vez más miedo ir al colegio? ¿Te estás quedando sin amigos porque esos agresores están sembrando rumores sobre ti, haciéndote parecer lo que no eres a los ojos de los demás? ¿Te sientes incapaz de reaccionar ante esos ataques o de buscar una solución? ¿Te sientes cada vez más hundido, como un animal acorralado sin ver una salida posible?

Si te sientes así, antes de estallar o de hacer alguna tontería, por favor, lee esto.

Goyo se enderezó en su silla. Al leer aquellas primeras frases se sintió mal. Hasta ahora no había visto escritos los síntomas que estaba padeciendo a diario desde los últimos seis meses, y aquellas frases contundentes y claras le impactaron. Por unos segundos rememoró algunas escenas de los ataques de Rafa y su grupo. Sintió como si esos chicos estuvieran siempre encima de él, aplastándole, no dejándole respirar, ser él mismo. Se sintió agobiado y casi estuvo a punto de apagar el programa y correr a ocultarse bajo las sábanas de su cama, ignorando el problema, como había hecho otras muchas veces. Esta vez también quiso hacer oídos sordos a la voz del jardinero que, en su mente, le invitaba a seguir leyendo el disquete, a aceptar la ayuda que le estaban ofreciendo.

«¿Qué puedes perder por intentarlo?», leyó Goyo en la pantalla. Parecía como si CQP se adelantara a cada uno de los pensamientos del chico, como si más que un programa de ordenador aquello fuera tan real como la vida misma.

No tienes absolutamente nada que perder y todo que ganar. Ven, sígueme, coge tu ratón, pon el cursor sobre la flecha verde y haz un clic. ¡Claro que puedes!

Goyo dudó por un instante. No tenía muchas ganas de sentirse mal removiendo las heridas y pensó que si este programa iba a producirle aquello, prefería quedarse como estaba. Pero la voz del jardinero en su interior volvió a alentarle: «Venga, vamos, haz clic». Goyo pulsó el botón del ratón —«qué diablos», pensó— y el programa prosiguió:

CQP 1.0 ha sido especialmente diseñado para que no sufras durante el proceso. Es más, creemos que muy pronto empezarás a sonreír, a reír, y que esta aventura en la que vas a embarcarte puede transformar tu vida para tu mayor bien. Antes de comenzar queremos explicarte por qué hemos escogido comunicarnos contigo a través de un programa de ordenador.

Los programas que rigen tu vida

Aunque es un ejemplo un poco exagerado, es fácil pensar en el cerebro humano como un ordenador en el que introducimos programas y programas que nos van a permitir realizar muchas actividades en nuestra vida. Un programa no es sino una serie de órdenes formuladas en un lenguaje que entiende el ordenador para que realice una serie de tareas. Así, el estudiante de piano, a través de las lecciones que recibe, introduce un programa en su mente que le ayuda a tocar ese instrumento. Igualmente, cuando aprendemos matemáticas estamos enviando instrucciones al cerebro para entender ese lenguaje y saber utilizarlo.

Nuestros padres son los encargados de introducir los primeros programas en nuestra mente. Lo hacen pensando en nuestro mayor bien, por supuesto, y van dejándonos sus ideas y creencias de cómo protegernos, cuidarnos y comportarnos en la sociedad que nos vio nacer. Es importante que sepas que nuestros padres también tienen programas en sus cabezas y actúan según esos esquemas, adoptados de sus padres, de los padres de sus padres, de la sociedad y de sus propias experiencias. Conforme vamos creciendo, nuestro ordenador personal ya tiene almacenados un sinfín de programas y en la mayoría de los casos ni tan siquiera somos conscientes de que los tenemos. Algunos son programas automáticos que nos permiten retirar la mano del fuego cuando nos quemamos sin pensar en ello, cubrirnos la cara para esquivar un golpe... Otros son más sofisticados, como los programas que nos permiten hablar un idioma.

También hay programas que nos insertan nuestros amigos, profesores, personas a las que en un momento dado concedemos **autoridad** y a las que **escuchamos con especial atención de forma repetitiva**. Ellas y sus creencias van escribiendo programas en nuestras mentes que luego iremos utilizando, de forma casi automática, o inconsciente. Nosotros mismos también introducimos programas en nuestro *ordenador personal* basados en las conclusiones que sacamos de nuestras experiencias de la vida, nuestras percepciones, opiniones, creencias, miedos, deseos. Como no solemos revisar esos programas a menudo, nos solemos encontrar con que muchos de ellos son incompatibles entre sí y hacen que nuestro ordenador se *cuelgue* en algunos momentos determinados y no sepamos cómo actuar. Cuando sucede esto, a menudo entramos en periodos de confusión o de crisis, que no son sino momentos especialmente idóneos para revisar, tirar y actualizar nuestros programas, y así renacer renovados.

Las agresiones que vamos sufriendo a lo largo de nuestra vida se transforman también en *programas de ordenador* que van a condicionar nuestras creencias y nuestra forma de actuar en la vida. Cuanto más usamos un programa, más fuerza adquiere en nosotros hasta formar lo que podemos llamar **el guión de la película de nuestra vida**. Es el guión según el cual dirigiremos nuestra vida. Por eso, es importante que sepamos qué programas están funcionando dentro de nosotros, si éstos son beneficiosos o nos perjudican, y que busquemos la forma de deshacernos de los programas viejos y los actualicemos con otros que sean más adecuados a quienes queremos ser y a los tiempos que corren.

Porque la buena noticia dentro de todo este aparente caos incontrolado de programas, es que en nuestras manos está el poner orden en nuestra **casa interior** y elegir con qué programas queremos funcionar en la vida. Saber que somos dueños y capitanes de nuestro propio navío, de nuestra casa interior, es importantísimo, porque eso nos hace absoluta y totalmente **LIBRES**.

Por ejemplo: si lo que queremos es ser víctimas de las situaciones, nos quedaremos con aquellos programas que nos describen como víctimas, pero si lo que queremos es salir adelante victoriosos ante los desafíos de la vida, entonces elegiremos los programas que ayuden y faciliten que crezca nuestro poder interior.

En el caso de las agresiones, el programa que primero se introduce dentro de nosotros es aquél del agresor, que por supuesto introduce en nosotros la semilla o idea de que él es poderoso y va a aplastarnos y nosotros somos unas pobres víctimas indefensas sin capacidad para salir airosos del asunto. Ése es el primer programa que sería conveniente *triturar* porque no es real; es, como veremos más adelante, sólo una táctica de guerra del agresor.

¿Y para qué ofrecerte otro programa más, como CQP 1.0, que ocupe espacio en tu *disco duro*?, te preguntarás...

CQP 1.0 te ayudará a borrar, crear y utilizar de forma creativa los programas relativos a tus relaciones escolares y, una vez que hayas aprendido a utilizar estas técnicas, podrás expandir su uso a otras muchas áreas de tu vida. Utilizando CQP1.0, ayudarás a que tu *ordenador* funcione a su máximo rendimiento y eso repercuta en tu máxima felicidad y bienestar personal. Pero volvamos al tema que nos ocupa...

¿Qué es el *bullying* o, en este caso, el acoso escolar?

Bullying es una palabra coloquial inglesa que significa *intimidar*, cuyo uso ha aumentado mucho en el Reino Unido en los últimos cuarenta años. Desde entonces, la sociedad inglesa observa, con creciente inquietud, cómo el fenómeno de las agresiones y acosos escolares aumenta día a día causando consecuencias muy graves a la gente joven que lo sufre.

Bullying contiene la palabra *bull*, es decir, toro. Existe una expresión inglesa que dice: *A bull in a china shop*, es decir, *Un toro en una tienda de porcelanas*. No sabemos si el dicho dio origen a la palabra *bullying*, pero nos va a ayudar a explicarte lo que es.

Imagínate a un toro en una tienda de porcelanas. ¿No te parece que el toro y la porcelana son bastante incompatibles? Por un lado tenemos un toro enorme con toda su fuerza, su bravura, y, por otro lado, tenemos frágiles y delicados objetos de fina cerámica a los que nos da miedo mirar siquiera, pensando que van a romperse si pestañeamos. Imagínate ahora al toro entrando en la tienda de porcelana... ¿Crees que será capaz de ir de puntillas tomando especial cuidado en no romper las piezas? No. Más bien te imaginas que va destrozar todo a su paso, como una apisonadora, ¿verdad? Y es que no hay nada dentro de la naturaleza del toro que nos haga pensar que esas porcelanas se puedan salvar, porque el toro sólo puede comportarse como una bestia y la porcelana sólo puede ser frágil. Y una tienda es un lugar muy pequeño para que ambos convivan juntos en armonía, ¿verdad?

El *bullying* es un acoso repetitivo y sistemático de una persona hacia otra. Se produce cuando alguien que se cree tener poder sobre otro, abusa de él y hiere física, emocional o psicológicamente a la otra persona, generalmente atacando sus puntos débiles, sus *piezas de porcelana*. El *bullying* puede producirse en el colegio entre compañeros, pero también existe en otras esferas de la sociedad, como en el trabajo, en el hogar, entre compañeros de trabajo, entre jefes y empleados, entre padres y madres, entre padres e hijos. No es un fenómeno nuevo aunque haya sido bautizado con una palabra relativamente moderna. Las naciones también practican *bullying* entre ellas. ¿Para qué engañarnos?, la humanidad entera contiene en sus genes las semillas de la agresión. Y si todavía hoy las naciones del mundo encuentran respetable e inteligente recurrir a la fuerza y a la guerra para resolver sus conflictos, es porque aún hoy esas semillas del *bullying* están listas y muy dispuestas a germinar en nosotros. (La buena noticia es que en nosotros también tenemos las semillas de la paz, y ésas nos ofrecen mejores frutos).

El *bullying* no es una broma y tiene consecuencias muy graves que a veces arrastraremos toda nuestra vida. Una persona que ha sido traumatizada por una agresión puede ir repitiendo los comportamientos provocados por un acoso sufrido hace años en otros momentos y situaciones de su vida afectando así a su trabajo, a sus relaciones personales, a su salud emocional y hasta a su salud física. Una víctima de *bullying* que no haya podido curarse puede convertirse para siempre en una persona infeliz y hacer infelices a quienes le rodean. Nadie se merece un futuro así. Y, por eso, todos los esfuerzos que hagamos ahora serán una valiosísima contribución para que tu futuro sea brillante y lleno de oportunidades, y que estés ansioso y feliz por aprovecharlas porque te lo mereces. Sí: **te lo mereces**.

Pero volvamos al ejemplo del toro en la tienda de porcelanas. Cuando nos vemos involucrados en un *bullying* o un acoso, el *bully*, es decir, el agresor, se engrandece como un toro ante su víctima por varios motivos. El primero es porque generalmente el *bully* juega siempre con ventaja al estar rodeado por sus amigos, su pandilla que le aprueba y le apoya, y eso le hace sentirse más valiente. Además, el agresor tiene la capacidad de proyectar sobre su víctima lo grande y fuerte que es, haciendo que su víctima –si inconscientemente acepta y cree que esta proyección es real– responda sintiéndose cada vez más pequeña y frágil. Y, por último, el agresor, que ha seleccionado a su víctima de antemano, ha sabido ver en ella cuáles son sus puntos débiles, sus flaquezas, y sabe cómo aflorar en ella sus *porcelanas interiores*, para así romperlas en el acto de agresión.

Así que antes siquiera de comenzar a atacar a su víctima, el agresor ya tiene gran parte de la batalla ganada porque tiene el apoyo de los demás, proyecta sobre la víctima su peculiar visión de la realidad (programa distorsionado), y conoce de antemano los puntos flacos de su víctima y los piensa utilizar con máxima crueldad y eficacia.

Si quieres liber-**arte** de las agresiones escolares, es bueno que entiendas cómo sienten y piensan los acosadores. También es importante que sepas por qué prefieren acosar a comportarse con amabilidad con los demás, y por qué precisamente te han elegido a ti y a otras personas como blanco de sus ataques. Es importante que comprendas cuáles son las herramientas que utiliza el acosador, ya que si las descubres tú también podrás utilizarlas para tu mayor beneficio. CQP 1.0 no pretende enseñ-**arte** a ser un acosador, sino a transform-**arte** de modo tal que las **arti**-mañas del acosador no puedan afect-**arte** como hasta ahora lo han hecho... Y no podrán atrap-**arte**, porque con CQP1 1.0 aprenderás a APART-**ARTE**. Como has visto y verás, CQP1.0 también es un **arte** y nos gusta jugar con las palabras para descubrir sus secretos ocultos.

Goyo sonrió al descubrir el juego de palabras... No se había dado cuenta de la cantidad de vocablos que contenían la terminación *arte*, como am-*arte* o bes-*arte*, pero también aplast-*arte*, tortur-*arte*, mat-*arte*... «¡Cuantos *artes* tan dispares!», pensó.

Historia de un *bully* llamado Roge

Hace años yo también fui víctima de acosos. Mi padre era alcohólico y trabajaba muy duro en las minas del norte de España. Llegaba tarde a casa, y borracho. Empujaba a todo aquel que se pusiera en su camino y se dirigía a la cocina, arrastrando los pies, en busca de la botella de aguardiente y de un poco de comida. Apenas hablaba salvo para proferir insultos a mi madre y mis hermanos. Nos tenía asustados. Sólo sabíamos cumplir sus órdenes sin rechistar, ya que de lo contrario nos pegaba unas bofetadas terribles con sus enormes y negruzcas manos manchadas de hollín. En más de una ocasión fui con la cara marcada al colegio; me sentía tan avergonzado que cubría los moratones ocultándolos con una bufanda que enroscaba sobre mi rostro sin dejar que nadie me la quitara.

Con el tiempo y los repetitivos ataques de mi padre, mimeticé su forma de actuar y, sin darme cuenta, comencé a comportarme como él. Dejé de lado mi naturaleza amable y gentil y me convertí en un niño arisco y rebelde que buscaba pelea en el colegio a todas horas, ya fuera contra pequeños o contra grandes. Me daba igual. Tenía el cuerpo endurecido por las palizas y ya no me dolían los golpes. Eso me hizo perderle miedo a las agresiones físicas y me convertí en el mejor luchador del colegio. La gente me tenía miedo y respeto y yo me sentía orgulloso de aquello. Me gustaba cada vez más dominar las situaciones y dominar a las personas. Sentía que gracias a mi fuerza me respetaban y eso me gustaba. Eran sensaciones muy distintas a las que sentía en casa cuando mi padre, cada vez más y más violento, nos abofeteaba y arrastraba de los pelos por la habitación. Si en casa me sentía como un «gallina» cobarde incapaz de rebelarme contra mi padre, en el colegio aprovechaba cualquier ocasión para mostrar mi bravura. Fue así como me convertí en un A.A. Un Acosado-Acosador.

Goyo bostezó. Por más que le interesase aquello, el sueño pudo con él. Sacó el disquete del ordenador, lo escondió entre una pila de libros, apagó el PC y se tumbó en la cama. Eran más de la 1 de la mañana y en tan sólo seis horas sonaría el estridente despertador. Por primera vez en mucho tiempo, Goyo disfrutó imaginándose cómo sería su vida sin que aquellos pandilleros le agobiaran. También se sintió algo sorprendido al leer cómo Roge, el jardinero, un hombre tan afable y tranquilo, había sido víctima de agresiones en su niñez y encima, con el tiempo, se había convertido en un agresor. «Nunca había pensado antes que alguien que me ataca puede estar sufriendo los ataques de su propio padre cuando vuelve a casa después del *cole*. Eso explicaría muchas cosas», se aventuró a pensar Goyo. Pero el sopor interrumpió sus pensamientos y el chico se quedó dormido.

Esa noche, Goyo tuvo un sueño en el que se vio envuelto en una pelea en el colegio. De nuevo Rafa y los suyos le rodeaban a la salida del comedor y comenzaban a insultarle al tiempo que le lanzaban objetos. Al principio Goyo no distinguía qué tipo de objetos eran,

— 30 —

pero luego sentía que lo que le estaban lanzando eran bolas de energía y, conforme iban insultándole, los insultos en forma de nubes negras se adherían al cuerpo, hasta que al final el chico se veía infectado por esas manchas oscuras que le sofocaban sin permitirle respirar. De pronto, la profesora de música, una mujer por la que todos los alumnos sentían mucha simpatía, se acercaba a decirle algo amable. Entonces, Goyo veía cómo sus palabras se convertían en bolas de energía rosa que acariciaban su cuerpo y se perdían en el horizonte. Aun así, las bolas negras permanecían pegadas a su cuerpo. Agobiado, el chico se despertó.

Una vez en el colegio, aún bostezando por la mala noche pasada, Goyo esperó con impaciencia la llegada del recreo para correr en busca del jardinero o de Lika. Quería hacerles algunas preguntas. No encontró a la chica por ningún lado y, después de recorrer el colegio a paso ligero y jadeando en busca de Roge, desistió de su intento y se sentó en un banco a reponer fuerzas.

—Hola, chaval —dijo entonces Roge apareciendo repentinamente—. ¿Te has aburrido ya del programa? —preguntó en tono burlón.

—Qué va, pero me quedé dormido —dijo Goyo agachando los ojos—. Roge, anoche tuve un sueño muy extraño... —prosiguió.

El jardinero depositó sus herramientas junto al banco, se frotó el sudor de la sien con su camisa vaquera, se colocó de nuevo la gorra y, tras escuchar el sueño, dijo:

—Tu sueño es muy interesante. Como leerás en el programa más adelante, el poder de las palabras es increíble. Tu sueño te ha enseñado que las palabras son energía; van y vienen como los pensamientos que se suceden en nuestra cabeza y que no podemos atrapar. Tu sueño también te ha enseñado qué producen las palabras que son lanzadas con intenciones negativas como el insulto y las ganas de herir: éstas se quedan pegadas, solidificadas en el cuerpo de quien las recibe. Es una forma simbólica de decirte que cuando nos insultan podemos cargar con el peso de ese insulto durante años, sin desprendernos de él, sintiéndonos mal interiormente, sofocados. En cambio, la profesora de música que te dijo algo amable en el sueño te mostró cómo las palabras positivas, de aliento, apoyo, tienen un color más amable, una energía más bondadosa, revitalizante y ligera, que pasa por tu cuerpo y sigue su curso hasta desaparecer por el horizonte. Las palabras, la intención y la energía detrás de ellas han de pasar siempre a través de ti, pero nunca permanecer fijas en ti. Ésa es la clave. Acuérdate de esto.

Sorprendido por la capacidad que tuvo aquel hombre de interpretar su sueño, el chico se despidió del jardinero y corrió al polideportivo a su clase de gimnasia. Ésa era una de las ocasiones en las que se sentía más vulnerable a los ataques de Rafa, Miguel, Jorge y Javi.

Goyo no se sentía a gusto con su cuerpo regordito y no tenía una complexión atlética porque, francamente, el deporte no le interesaba mucho. A decir verdad, cada semana corría los mil metros impuestos por el profesor a regañadientes, evadiéndose con su mente y pensando en que sin duda había cosas más agradables que hacer que estar ahí, corriendo, perdiendo el aliento y sufriendo pinchazos en los costados. Goyo prefería imaginarse en un taller construyendo aviones, el sueño de su vida.

—Pero qué gordo seboso estás, Goyito —dijo Rafa adelantándole en una carrerilla final para alcanzar la meta.

El chico guardó silencio, sorprendido por el repentino ataque. Su cuerpo se tensó hundiéndose hacia dentro, intentando hacerse pequeño, invisible. Sus hombros, en lugar de mantenerse rectos, se curvaron hacia delante como soportando un enorme peso. No le quedaban casi fuerzas para llegar a la meta, pero con tal de no quedar una vez más en evidencia, Goyo prefirió continuar corriendo.

Una vez sentado en las escalinatas, recuperando el aliento, el chico recordó el sueño de la noche anterior y sintió cómo efectivamente el insulto de Rafa se había quedado en su cuerpo, como una pesada carga. Intentó deshacerse de él, pero no pudo. Aquellas palabras hirientes le acompañaron todo el día, deprimiéndole cada vez más y más. Apenas probó bocado a la hora de la comida. Le daba vergüenza que le vieran comiendo porque ello sin duda daría pie a nuevos insultos. A escondidas, Goyo se guardó unos trozos de pan en el bolsillo para comerlos por la tarde en el cuarto de baño en caso de tener hambre. Se sintió avergonzado por tener que comer a hurtadillas y se culpó de no ser más valiente y no saber responder a los ataques recibidos más que empequeñeciéndose.

Por la noche, por fin en la soledad de su habitación, Goyo se relajó un poco y, algo más animado, decidió proseguir con la lectura del disquete. Moviendo el cursor en busca del lugar donde había terminado de leer la noche antes, Goyo se detuvo en la siguiente frase:

Un insulto es también un programa en tu mente. De ti depende si lo dejas adherirse a ti hasta el punto de causarte una gangrena o si lo dejas pasar y desvanecerse sin que su poder te toque.

El chico sonrió, estaba empezando a comprender... Suspiró hondo y prosiguió leyendo donde lo había dejado:

La terrible verdad

Al igual que pocos bebedores poseen la capacidad de darse cuenta de que tienen un problema con el alcohol y se pasan la vida negándoselo a sí mismos y a los demás, pocas personas se reconocen como A. A., es decir, Acosados Acosadores. No se reconocen ni como acosadores ni mucho menos aún como acosados.

Cuando tienes callos en el cuerpo de las palizas que te han pegado, a veces la única salvación que tienes a mano es bloquear tu mente y no reconocer lo que está sucediendo. Si eres muy joven, esto sucede espontáneamente, y conforme vas creciendo puedes llegar hasta a olvidar el daño que te han hecho otras personas. Pero aunque olvides, los efectos de ese daño pueden seguir afectando cada una de las facetas de tu vida.

Eso mismo me sucedió a mí cuando me convertí en Roge, el niño malo del colegio. Cada una de las gamberradas que hacía me producía más sed, más ganas de nuevas brutalidades. Necesitaba sentirme el más fuerte, el más poderoso, para así ocultar el dolor que estaba sufriendo interiormente por la violencia de mi propio padre. Ningún insulto parecía bastarme, yo quería llegar a los puños con todo aquel se pusiera en mi camino. Y, un buen día, sucedió lo peor.

Una mañana de primavera –aún lo recuerdo como si fuera ayer–, estaba en el recreo metiéndome con el único chico extranjero del colegio. Para mí, aquello era motivo más que suficiente para atacarle, así que ese día comencé a insultarle mientras intentaba ponerle la zancadilla. El chico, en un intento por evitar caer al suelo y derramar la pila de libros que cargaba en sus brazos, se agarró a Teresa, una niña de sonrisa dulce y ojos luminosos que pasaba por allí, con tan mala suerte que en su caída él la aplastó con todo su peso. La pobre se golpeó la cabeza fuertemente contra el suelo y, por mi culpa, perdió el conocimiento.

El grupo de niños que hasta entonces había observado la situación sin decir nada, rodeó a la niña y al extranjero. Yo me quedé sólo, paralizado y espantado por lo que acababa de ocurrir. Por primera vez en mi vida sentí que había hecho algo terrible de lo que sin duda me arrepentiría toda mi vida. No sólo había agredido a un chico inocente, sino que encima había dejado inconsciente a otra persona que para mí, en aquellos años, representaba la bondad personificada.

Teresa no recuperó nunca el conocimiento. Una vez trasladada al hospital, cayó en coma profundo y así permaneció durante muchos años hasta que un día la vida se le escapó silenciosamente de las manos.

«¿Dónde está la parte divertida de este programa?», se preguntó Goyo, deteniendo por un instante la lectura del mismo. La verdad es que para ser una víctima de agresiones, leer todo aquello suponía un gran esfuerzo para él. Como si el CQP 1.0 hubiera leído sus pensamientos, Goyo leyó a continuación:

<u>Un acosado puede convertirse en un acosador en un abrir y cerrar de ojos. No lo olvides nunca</u>.

Un nudo se formó en la garganta del chico, reconociendo la sinceridad de aquellas palabras. «Si ésta fue la infancia de Roge», pensó el chico, «debió sentirse fatal, por un lado atacado por su padre y por otro provocando la muerte de una niña. No me gustaría estar en su lugar», suspiró abrumado.

Ya puedes relajarte. Esto es lo peor que tendrás que leer en CQP 1.0.

A partir de aquí puedes respirar tranquilo siempre y cuando hayas comprendido las terribles consecuencias a las que te puede llevar ser un *bully* y ser una víctima de un agresor que no sabe cómo resolver de una forma positiva esta situación.

Antes de proseguir, he de decirte que lo que vas a leer a continuación no supone en absoluto que dejes de cumplir con las siguientes normas básicas si te encuentras en un caso de acoso escolar, eres testigo de uno o eres el autor del mismo:

1. Denunciar el acto de agresión a un profesor o responsable del colegio.
2. Comunicar a tus padres que estás sufriendo acoso escolar.
3. Si eres agresor, abandonar las agresiones inmediatamente y pedir ayuda a profesores y padres y a través de ellos ponerte en manos de terapeutas expertos. No hay nada de lo que avergonzarse por pedir ayuda. Hablando de tus problemas a tiempo puedes salvar tu propia vida y la de otros.

Aprendiendo del *bully* y de sus técnicas de combate

(Las técnicas no son ni buenas ni malas, son técnicas de guerra o técnicas de paz dependiendo de las intenciones con las que las uses)

Al leer el título del siguiente capítulo, Goyo se enderezó en su silla, sus ojos se clavaron sobre el monitor, como si deseasen penetrar en el interior de aquel texto y succionar todas sus enseñanzas. Se frotó las manos pensando que ahora llegaba lo mejor de CQP 1.0: las herramientas que le permitirían resolver de una vez por todas sus problemas personales con los chicos de clase.

–¿Qué haces aún despierto? –gritó su madre en el pasillo–. Venga, apaga ese maldito ordenador, que el ruido del ventilador se oye por toda la casa. Ya es tarde, ¡vete a la cama! –gruñó.

Su gozo en un pozo. Goyo tuvo que obedecer y quedarse con la miel en los labios, sin saber cómo serían aquellas técnicas del CQP. Apagó el ordenador y se fue a la cama.

Aquella noche durmió tranquilo y al amanecer, con las primeras luces del alba, se despertó antes de que sonara el despertador. Intentó ducharse y vestirse rápidamente para aprovechar el tiempo y leer de nuevo el programa, pero no fue posible. Su madre irrumpió en el cuarto y, viendo todo el desorden formado por varios pantalones y camisas sucios, libros, zapatos, latas de refrescos y 'cedés' tirados por el suelo, se plantó como una bandera y prometió no moverse de ahí mismo hasta que su hijo no hubiera recogido y ordenado todo aquel «asqueroso» desastre. A regañadientes y sin entender muy bien por qué su madre se ponía histérica si en definitiva ella no vivía en esa habitación, Goyo recogió todo en silencio.

El día se pasó volando: matemáticas, física, literatura, dibujo... Las clases fueron desfilando ante él sin mayor problema. Sus acosadores no le prestaron mucha atención. Era miércoles y había un gran partido, el Barça-Real Madrid, y la pandilla estaba muy distraída comentando el estado físico de tal jugador y tal otro.

En casa, todo había sido dispuesto para cenar un poco antes y así ver el partido. Goyo aprovechó esta ocasión para deslizarse silencioso en su cuarto. Una vez allí encendió de nuevo el ordenador y la lamparita roja y continuó leyendo...

Casi todos los *bullies* se comportan de forma similar. Sus estrategias de ataque son muy parecidas. Pueden ser conscientes de ellas y elaborar nuevas maneras de atacar o no ser conscientes y simplemente repetir patrones que han copiado de otras personas. Pero si tú eres consciente de cómo operan los *bullies* y sacas provecho de ello, aprenderás a utilizar esos mismos trucos para tu mayor beneficio, es decir, para evitar las agresiones dentro de lo posible, y que éstas te afecten lo mínimo. Aun así, nuestro sueño es que con todo lo que aprendas en CQP 1.0, puedas ir un paso más allá de esto y logres no sólo evitar las agresiones y el sufrimiento que acarrean, sino que consigas, con tu ejemplo, sembrar paz donde antes había odio, sembrar igualdad donde antes había sed de poder y dominación.

Comiéndote el coco: la programación del bully

Todos tenemos una imagen exterior de cara a los demás que nos gusta cuidar para que nos aprecien y nos respeten. El *bully* dedica mucho tiempo al cuidado de su imagen. En este sentido, la única diferencia entre un *bully* y otra persona es que el *bully* quiere que se le respete a través del miedo, y los demás buscamos el respeto relacionándonos de forma más pacifica y amable.

El *bully* dedica mucho esfuerzo y energía en crear una personalidad dura, de chico valiente, que no tiene miedo a nada, capaz de resolver todo tipo de situaciones, cuanto más peligrosas mejor. Es un lanzado que se atreve con todo. Al menos eso es lo que **proyecta** a los demás. (En su interior, te sorprenderías si te dijéramos que el *bully* está lleno de miedos y complejos, pero dejemos eso para más tarde).

En este sentido, el *bully* es un maestro de las proyecciones mentales, que no son sino pequeñas formas de hipnotizarnos temporalmente para que nos creamos que la imagen que nos ofrece es totalmente cierta y veraz.

Así, el acosador nos pretende engañar para que pensemos que es tan fuerte y valiente que no merece la pena que intentemos nada contra él y nos sometamos a su acoso. A menudo, el *bully* no sólo nos intenta engañar sino que se engaña a sí mismo, creyéndose todo cuanto ha diseñado para dominarnos.

Como ya habrás sospechado, todo esto no es más que un programa, en este caso una *comedura de coco*. Con el fin de que aceptes el programa en tu cerebro sin resistirte a él, el *bully* utilizará todo tipo de técnicas como el lenguaje corporal, el lenguaje verbal, el lenguaje emocional.

Así, el acosador utilizará su cuerpo de tal forma que éste se mueva, camine y adopte posturas dominantes, agresivas, desafiantes. Puede caminar con las piernas arqueadas como un vaquero, con el pecho hinchado y la cabeza erguida como si fuera un pavo real, caminar con las manos en la cintura, pisar con fuerza el suelo, pegar una patada a un cubo de basura, sentarse encima de un coche con aires chulescos, mirarte con las cejas fruncidas y ganas de destruirte, etc... Si tú respondes ante esos gestos con miedo, inconscientemente, el *bully* sabrá que está ganando la partida porque tu propio lenguaje corporal **responderá** al suyo con movimientos defensivos, pasos hacia atrás, el cuerpo cerrándose sobre sí mismo. Todos estos gestos le estarán diciendo que estás aceptando su capacidad de infundirte miedo.

Lo mismo sucede con el lenguaje verbal y emocional. El *bully* suele tener la lengua muy suelta, o no tener pelos en ella. Tiene un repertorio de insultos, tacos y expresiones tan largo como sea necesario para seducir a su audiencia con su ingenio y dejarte en ridículo. También utiliza su voz para hablar con autoridad, con fuerza y firmeza, dominando con ella a su víctima y a su público. Nunca verás a un *bully,* ya sea chico o chica, intentando agredirte con una voz de bebé, ¿verdad? Al contrario, cuanto más firme y fuerte sea su voz, más éxito tendrá.

Emocionalmente, el *bully* utilizará la burla, el miedo, la vergüenza, la culpabilidad, para que tú te sientas herido en tu fuero más íntimo. Hay que decir que, para él, la herramienta emocional es muy buena, ya que el *bully* sabe muy bien elegir a sus «víctimas». Busca a personas que por su historia personal, sus complejos, heridas, o su carácter introvertido, inseguro o tímido, sean presas fáciles de sus ataques. Un *bully* que piense que puede despertar en ti la bestia que todos llevamos dentro no se atreverá a correr ese riesgo y exponer ante los demás su fracaso. El *bully* juega y apuesta para ganar. Nunca se arriesga innecesariamente porque tiene mucho que perder: su propia fama de invencible.

Eso mismo me sucedió en una ocasión. Después del terrible accidente que dejó a Teresa en coma, mi madre me trasladó de colegio. Allí, traumatizado por lo que había sucedido, renuncié a mi agresividad y volví a ser un niño tranquilo, algo más silencioso y reservado que antes. Un día lluvioso y gris, unos chicos más mayores decidieron molestarme y me cogieron la cartera, la volcaron en el suelo y pisotearon todos mis cuadernos, llenándolos de barro. Se me quedaron mirando desafiantes para ver cómo iba a reaccionar. Probablemente pensaron que o bien me iba a escapar corriendo o bien me echaría a llorar. Un corro de alumnos nos había rodeado y observaba con expectación. Me agaché a recoger cada una de mis cosas y las introduje lentamente en la cartera. Cuando hube terminado, me remangué las mangas de la camisa y, enseñando los moratones que aún tenía frescos de las palizas que mi padre me seguía propinando, les dije apretando los puños y en voz grave:

–¿Quién es el primero en cobrar?

Un silencio atronador se apoderó del lugar. El corro se fue disolviendo y los chicos que me atacaron se alejaron rápidamente. Nunca más volvieron a molestarme. Es más, pronto quisieron incluirme en su pandilla y me enviaron mil y un mensajes amistosos para que me integrara en ella. Sus juegos no me interesaban. Tenía grabado a fuego en mi corazón, por siempre jamás, hacia dónde conduce el camino de la agresividad.

Las escaleras del ala norte del colegio solían poner muy nervioso a Goyo. Allí, los alumnos más mayores acostumbraban a ponerse los unos frente a los otros, charlando, bloqueando así el paso a los que subían y bajaban y forzándoles a pasar por una estrecha fila en el centro. Cada vez que tenía que pasar por allí, su respiración se detenía, su estomago se encogía, su visión se nublaba, de forma tal que sólo veía ante sí un túnel y, absolutamente tenso, subía o bajaba las escaleras sin mirar a nadie, temeroso de cualquier ataque por parte de algún mayor.

—¡Eh, chaval! —gritó Lika al ver bajar a Goyo por el estrecho espacio libre en la escalera.

—Ah, hola, no te había visto —dijo él agachando la cabeza y clavando los ojos en el suelo.

—Está claro que aún no has aprendido gran cosa del CQP, ¿eh? —dijo ella cogiéndole del brazo y alejándose de las escaleras.

—¿Por qué lo dices? —preguntó él, sobresaltado.

—No hay más que verte —dijo ella, inspeccionando su aspecto exterior de arriba abajo.

—¿Por qué, por qué lo dices? —exclamó Goyo, que inclinaba la cabeza para escrutar cada milímetro de la parte frontal de su cuerpo, en busca de una mancha o algo inusual en su atuendo.

—Tal y como caminas, arrastrando los pies, tal y como escondes la mirada, encorvas tu espalda y hundes tus hombros, estás diciéndole al mundo entero que tienes miedo de la vida, y así estás invitando a la gente que busca pelea a atacarte más fácilmente.

—¿Tu crees? —preguntó él rascándose la cabeza, visiblemente poco convencido de aquello.

—Estoy segura. Yo misma he sufrido cosas parecidas a las que has vivido tú y he ido cambiando mi forma de moverme y mis gestos, y he comprobado cómo cambian las cosas cuando yo emano seguridad interior.

—¿Y cómo puedo generar esa seguridad interior? —preguntó Goyo levantando las cejas, esperanzado.

—Observa tu forma de andar. Ponte delante de un espejo grande, de ésos en los que puedes verte de cuerpo entero. Camina, saluda a tus amigos, imagínate situaciones y observa cómo te mueves. Hay gestos que son universales: todos los gestos de apertura, como caminar erguido, pisando firme, los brazos abiertos, la cabeza recta, el peso del cuerpo equilibrado en cada pierna, las rodillas flexibles, indican que eres una persona abierta, expansiva, dispuesta a comunicarte con los demás, con confianza, receptiva. Y todos los movimientos que supongan que tu cuerpo se cierre sobre sí mismo, como cruzar los brazos en la cintura, o encorvarte, hacerte pequeño, bajar el mentón, mirar hacia el suelo, meter las manos en los bolsillos, frotarte las manos con nerviosismo, son movimientos de introspección, en algunos casos de timidez, miedo, desconfianza, inseguridad; depende de cada caso.

—¿Y cómo son los míos? —preguntó Goyo.

—Yo te veo asustado y receloso. Con tu forma de andar y tus gestos pareces decirme que no quieres que me acerque a ti, porque temes que te ataque. Eso no puede ser, Goyo, tienes que salir de eso, ¡no permitas que unos estúpidos te fastidien la vida! Te mereces ser feliz y te mereces disfrutar en el colegio y no sufrir innecesariamente.

—¿Y qué hago? —preguntó, cada vez más angustiado.

—Observa tus movimientos, sigue leyendo CQP1.0 y ve haciendo pequeños cambios cada día... Ya verás que pasito a pasito irás mejorando —dijo Lika abrazándole.

—¿Pero de qué me servirá eso si siguen atacándome? —dijo Goyo, medio ahogado por el abrazo tan intenso de la chica.

—¿Has oído hablar del efecto mariposa? —dijo ella.

—No.

—Unos meteorólogos dijeron hace años que el aletear de una mariposa en Tokio podía producir un tornado en California. Con esto quiero decirte que pequeñas acciones tienen efectos enormes y que, si das unos pasitos en la dirección correcta, verás cómo tu vida cambia de forma positiva muy pronto. La mía cambió, ¿por qué la tuya iba a ser diferente?

Lika dio un maternal beso a Goyo en la mejilla y salió corriendo hacia su clase. El chico se quedó pensativo. Sus manos acariciaron inconscientemente la barbilla y después rascaron su cabeza. Por primera vez, se percató de esos movimientos, que antaño hubieran pasado totalmente desapercibidos. «Vaya, al pensar me toco la barbilla y la cabeza, no me había dado cuenta», murmuró.

Aquella noche, en casa, Goyo se deslizó sin ser visto en el dormitorio de sus padres y comenzó a observarse delante del espejo. Efectivamente, empezaba a tener la espalda curvada y su cabeza, siguiendo el movimiento de su espina dorsal, parecía agacharse con el mentón, casi tocando la clavícula. Todo aquel gesto creaba en su fisonomía una incipiente chepa. Al darse cuenta de aquella postura, ya habitual en él, se enderezó y caminó erguido dando unos pasos. Inmediatamente se sintió mejor, como si el cambio de postura elevara sus ánimos.

«Hola... Me llamo Goyo», dijo en voz grave, imitando en broma el acento de un vaquero de película. Aquello le divirtió. Se colocó las manos en los bolsillos y, al tiempo que arqueaba los hombros hacia delante, empujó su pelvis también hacia delante. Algo en aquel gesto recordaba a los andares del rebelde más famoso de Hollywood: James Dean.

—*Pisa, morena, pisa con garbo...* —canturreó su madre al abrir la puerta del dormitorio—. ¿Sabes, hijo? De pequeña solía hacer posturas ante el espejo para divertirme... Haces bien en mirar cómo caminas porque estás echando chepa y eso te puede causar lesiones de espalda cuando seas mayor; hazme caso, que yo sé de eso mucho. No en vano estoy todo el día de pie en la tienda y he de cuidar mis posturas —le dijo, plantándole un beso en la mejilla antes de salir de la habitación.

Goyo sopesó las palabras de su madre. Tenía razón. El chico regresó junto al ordenador y prosiguió con la lectura de CQP1.0:

Construyendo seguridad interior

El pequeño Roge, el de la segunda escuela, no necesitó muchas cosas para apartar a los agresores. ¿Eres capaz de ver qué ingredientes empleó para salir airoso de aquella encerrona?

Por un lado, todo su cuerpo emanaba una tranquilidad tremenda que se vio reflejada en la lentitud con la que se agachó a recoger los libros y cuadernos. Respirando tranquilamente y sin mirar a nadie para no distraerse, se remangó las mangas de la camisa y enseñó sus moratones. Así, en un lenguaje no verbal, indicó a los demás chicos que había sido pegado con anterioridad y que aquello no le importa mucho. Es importante que veas que Roge no se presentó a si mismo como una **víctima,** sino como un **superviviente**. Por último, utilizó una voz grave para preguntar si alguien deseaba ser el primero «en cobrar». Las palabras son mucho más poderosas cuando has estado callado un buen rato y sabes escoger el mejor momento para pronunciarlas. De ahí que aquella frase impactara lo suficiente a los agresores de Roge para que desistieran de su acoso. Éstos, como haría todo ser humano en situación de posible combate, evaluaron al instante las señales no verbales que el chico había emitido y decidieron instintivamente que no merecía la pena luchar, porque podían salir perdiendo. En el póquer o en el mus, la táctica que empleó Roge se llama *marcarse un farol*. No pretendemos que tú también te lo marques porque lo que hizo Roge en otras circunstancias sería muy arriesgado. El ejemplo de esta situación es sin embargo muy bueno para que veas cómo se puede *contra–programar* y utilizar las mismas proyecciones mentales o *comeduras de coco* del agresor a tu favor. Roge utilizó su lenguaje corporal y verbal para convencer a los demás chicos de que era mejor no pelear porque saldrían perdiendo. Quizás sintió miedo, pero no lo aparentó. Decidió probar con esta técnica y logró que todo su ser emanase la suficiente seguridad interior para provocar la **duda** en su adversario.

Todos los agresores buscan de ti una **reacción** determinada. Si no les ofreces esa reacción, gran parte de sus deseos de atacar se desvanecerán. De pronto, ya no les resultas interesante. Además, si ven que no tienes miedo y consigues hacerles sentir dudas acerca de sus posibilidades de vencerte, lograrás que se piensen dos veces si merece la pena correr riesgos contigo.

Otro detalle importante es que en esta situación Roge no se sintió como una víctima, ni se comportó como tal. Así, el mensaje que envió a sus adversarios era el de una persona que ha sabido superar agresiones anteriores, está acostumbrado y tiene experiencia. Toda esa actitud desplegada por Roge es muy coherente, muy verídica, y contra ella la intimidación de los *bullies*, la proyección mental que le intentaron hacer para asustarle, no fue suficientemente fuerte. Eso es muy importante porque los *bullies* por lo general no tienen mucha solidez, ya que se apoyan en estrategias que no tienen ninguna base real. Se marcan un farol que no es sino una fanfarronada, una mentira. Si en ese instante apareciera ante esos *bullies*, un chico enorme y fortachón, esos chicos saldrían corriendo muertos de miedo. Su fuerza no es real. La única fuerza que es auténtica es la que seas capaz de construir en tu interior.

Recuerda esto. Un *bully* no tiene fuerza interior porque está demasiado herido como para atreverse a mirar dentro de sí mismo. Por ello, siempre se mantiene en la superficie y desde ahí intenta hacerse fuerte con trucos externos a él. Con CQP, lograrás vencer al *bully* porque vamos a ayudarte a que mires dentro de ti y conectes con tu fuerza interior.

«¡Pero Roge era nuevo en ese colegio! ¡Nadie sabía si era un cobarde o si era un chico fuerte y respondón!» se dijo Goyo. «Si Rafa y su grupo, que me conocen de toda la vida, me ven actuando así como un valiente, sabrán que es mentira, que estoy actuando, y me lincharán a palos», pensó. El chico decidió apuntarse aquella reflexión para preguntar al jardinero o a Lika sobre aquello en cuanto les viera la próxima vez. Siguió leyendo el disquete, con la mano apoyada en el ratón para ir bajando el cursor conforme avanzaba el texto.

A pesar de sus dudas, aquello le estaba interesando más y más. Goyo nunca se había detenido a analizar cómo se desarrolla un ataque ni cómo se comportan los protagonistas, ni sus movimientos corporales, sus palabras, etc... «Es una nueva forma de mirar al mundo», pensó emocionado el chico.

Aparentar, imaginar, sentir

Existe una diferencia muy grande entre ser una persona segura de sí misma y actuar aparentándolo. Pero a veces actuar aparentando ser algo que aún no se ha logrado afianzar interiormente es un buen comienzo, porque nos pone en movimiento hacia la dirección a la que queremos llegar, la meta que deseamos alcanzar.

Recuerda este consejo porque puede ayudarte mucho en la vida cuando tengas miedo a realizar cosas nuevas.

Comportándote como si supieras hacerlas a la perfección, facilitas que tu organismo se sienta seguro aventurándose a realizar cosas nuevas, le envías el mensaje de que estás preparado para hacerlo, lo cual es un mensaje mucho más positivo que si le dijeras que no tienes ni idea y que no vales nada y por lo tanto no merece la pena ni intentarlo. En este sentido, aparentar seguridad interior es similar a imaginar que se tiene seguridad interior. El cerebro responde muy bien a las cosas que imaginamos. A veces incluso le resulta muy difícil distinguir entre lo que imaginamos y lo que es real. Así, si te imaginas que eres fuerte, valiente y capaz de afrontar situaciones delicadas en tu vida, porque imaginas que estarás tranquilo y tomarás las mejores decisiones, con el tiempo y tu imaginación, lograrás sentirte una persona más segura no ya porque te lo has imaginado, sino porque tu experiencia real irá convenciéndote de que **eres** una persona segura y con recursos para salir adelante en cualquier situación.

En este sentido, la imaginación es una herramienta muy poderosa que puede ayudarte mucho. Todos los deportistas que se marcan metas la usan habitualmente. Dentro de sus programas de entrenamiento, los deportistas pasan muchas horas visualizando, imaginando cómo logran alcanzar sin esfuerzos, sus objetivos: marcar un gol, llegar el primero a la meta, ser el que más lejos salte, etc...

Pero la mejor herramienta de todas es ser capaz de sentir en cada fibra de tu cuerpo aquello que deseas alcanzar, o manifestar. Más que aparentar seguridad interior, si consigues sentirla en cada poro de tu piel serás capaz de transmitirla a los demás.

Así, la primera sugerencia de CQP es la de **darte cuenta** de que los agresores te intimidan empujándote a creer en el programa intimidador que están utilizando. Si eres capaz de darte cuenta de eso durante una situación delicada, serás capaz de afrontarla con nuevos ojos. Dejarás de estar hipnotizado por el agresor y estarás más centrado en ti, y así podrás disponer de tus recursos personales y sabrás actuar de una forma mucho mejor que si te dejas manipular por ellos.

Sentirás que has despertado de un sueño, y podrás verte no ya como una víctima de una agresión, sino como un superviviente. No es que hayas ganado la batalla con sólo darte cuenta de los trucos del *bully*, pero habrás avanzado mucho al no considerarte derrotado de antemano por la aparente fuerza del agresor. Si sabes que eso puede ser un farol, te sentirás mucho más seguro ante el *bully*.

La segunda invitación de CQP1.0 es a **elegir tus sentimientos y emociones** para tu mayor beneficio.

Sentirte una víctima o sentirte un vencedor son emociones muy distintas. Siéntelas en tu cuerpo. Imagínate por un momento que eres la víctima de un atraco. Te han robado la cartera y te han pegado. ¿Cómo te sientes? ¿Te sientes mal? ¿Hundido? ¿Abatido? ¿Desvalido? ¿Inseguro? ¿Desprotegido? Imagínate en cambio que has salido victorioso de una pelea, porque has logrado detener a dos chicos que iban a pegarse, has logrado sembrar la paz y todo el mundo te admira por ello. ¿Cómo te sientes? ¿Te sientes bien? ¿Seguro de ti mismo? ¿Orgulloso de tu habilidad? ¿Confiado? ¿Optimista ante la vida?

Recuerda: tú eres el capitán de tu casa interior, de tu barco interno. Puedes elegir las emociones que desees experimentar y puedes sentirlas con sólo pensar en ellas. Si ante tus acosadores decides sentirte como un vencedor, todo tu cuerpo va a responder a esa emoción y te sentirás en mejores condiciones que si de entrada eliges sentirte derrotado. No necesitas sentir emociones que estén basadas en la realidad que vives a diario. Si nunca has salido victorioso de una situación, puedes imaginarte que lo has hecho. Eso bastará para que te acostumbres a esas sensaciones y, si las sientes a menudo, con el tiempo lograrás integrarlas en ti y que esa seguridad interior esté presente cuando lo necesites.

Hay un ejercicio que puedes practicar cuando veas películas en casa o en el cine. En la película, elige a un personaje que sea fuerte, tenga recursos para todo y sepa salir de situaciones delicadas. Identifícate con él. Siente que estás en su cuerpo resolviendo los problemas que se le presentan en la película y que tienes toda la inteligencia y la fuerza para hacerlo. Pero, ojo: en este ejercicio no se trata de que pienses que tú no tienes esos valores ya dentro de ti. No se trata de que mires al héroe y te vengas abajo pensando que no tienes esas cualidades, sino de que le mires y sepas que **tú también** tienes esos valores en ti, sólo que quizás, en lo que va de vida, no los has explorado aún. Siente dentro de ti esa capacidad y esa fuerza interior. Tarde o temprano, si practicas este ejercicio, lograrás sentirla, porque dentro de ti siempre estuvo esa semilla de confianza y seguridad interior y sólo necesitas darte cuenta de ello. Ver una película o leer un libro no son sólo actividades pasivas. Son maravillosas puertas que nos abre la imaginación para explorar todo nuestro campo de posibilidades, y creednos cuando os decimos que ese campo es enorme y apenas explorado. Si en un momento delicado en el que no sabes cómo reaccionar, invitas el recuerdo de una película o un libro en el que un personaje actuó con seguridad, en ese momento, ese mismo recuerdo te ayudará a estar mucho más tranquilo. Imagínate que tu actor o tu héroe preferido está ahí contigo y que no estás solo ante un grupo de acosadores. Vas a actuar de una forma mucho más tranquila si supieras que estás protegido y resguardado por ese o esos héroes, ¿verdad? ¿Qué te impide imaginarte que todos tus héroes preferidos están a tu lado protegiéndote las espaldas y animándote a resolver de la mejor forma posible el problema? Si imaginas su presencia con mucha intensidad, te garantizamos que hasta el *bully* sentirá que algo nuevo ha entrado en escena, sentirá una nueva fuerza en ti y se pensará dos veces si te ataca o no.

Si ante el agresor compaginas tus emociones y tu imaginación con tu lenguaje corporal, mostrando con tus movimientos tranquilidad, flexibilidad, confianza en ti mismo, lograrás sembrar **la duda** en él. Recuerda que éste juega a ganar porque tiene mucho que perder. A la menor duda, se echará para atrás.

Si compaginas esto con tu lenguaje verbal, es decir hablando más lentamente en lugar de hacerlo precipitadamente, en un tono tranquilo, calmado, sereno, con una voz suficientemente firme y segura, dejarás al acosador con la duda y la sospecha de que algo ha cambiado en ti y, por lo tanto, la situación entera ya no es la misma. Además, gracias a tus ademanes tranquilos, lograrás infundir en la situación una cierta sensación de paz y calma, que ayudarán a amansar a quien desee pelea.

La respiración

Otra de las claves que van a ayudarte a afrontar situaciones difíciles como las de un acoso escolar es que tomes conciencia de tu respiración. La respiración es una función del cuerpo tan básica que a menudo ni nos damos cuenta de ella. La mayoría de las personas respiran muy mal, superficialmente, como si tuvieran miedo de abrirse a la vida, de llenar de aire sus pulmones. Enviar oxígeno a todas las células de tu cuerpo es importantísimo para tu salud física, mental, emocional. La respiración suele modificarse mucho según en qué estado nos encontremos. Observa cómo respiras cuando estás tumbado tranquilo en la cama, o, si tienes un bebé en casa, mira cómo respira. Verás que ambos practicáis la respiración abdominal, es decir, que cuando inspiráis aire, el abdomen se hincha, y cuando espiráis, el diafragma sube y el estómago desciende. En estado de calma solemos respirar con cierta profundidad sin hiperventilar, pero lo hacemos llenándonos de oxígeno desde el abdomen hasta la parte superior del pecho. Nuestras inspiraciones y espiraciones son rítmicas, relajantes, enviando aire y vida a todos los órganos del cuerpo en un ritmo placentero parecido al ir y venir de unas plácidas olas del mar. Cuando nos sentimos mal, en cambio, reducimos la respiración hasta dejar de respirar o la tenemos entrecortada o bloqueada. ¿Qué es lo primero que nos sucede cuando alguien nos da un susto?: la respiración se interrumpe. El ritmo normal se reanudará sólo cuando nos volvamos a sentir seguros, aunque hay personas que a raíz de sufrir un accidente o un trauma emocional no vuelven a respirar libremente. ¿Has adivinado ya cómo respiras cuando te enfrentas a un examen? Obsérvate la próxima vez, y, si estás nervioso, toma conciencia de tu respiración, inspira y espira de forma tranquila y verás cómo tu angustia por los exámenes se ve reducida considerablemente.

Los humanos a menudo hacemos las cosas al revés, ¿te habías dado cuenta? Cuanta más necesidad tenemos de respirar bien, es decir, enviar oxígeno a todo nuestro cuerpo para pensar y obrar con claridad y calma, es cuando menos oxígeno enviamos, cuando peor respiramos, peor pensamos y más nerviosos obramos, añadiendo a las situaciones tensas de la vida una tensión añadida, una preocupación más que no nos va a hacer ningún bien, todo lo contrario, nos va a dificultar **mucho** las cosas.

En el caso del *bullying* sucede lo mismo. En pleno ataque de los agresores, la persona atacada, si no es consciente de su respiración y de que puede controlarla, tendrá tendencia a bloquear la entrada de aire a su organismo. Esto ayudará a que su cuerpo se tense y que procesen mucho peor las emociones y pensamientos que van a ir surgiendo a raíz del ataque. Cuando no procesas bien tus emociones, te conviertes en una víctima de ellas. No sólo estás siendo atacado desde fuera por otra persona: dentro de ti, has dejado de ser el capitán del barco, de tu casa interior, y ahora las emociones y pensamientos te dominan y no te ayudarán a tomar decisiones en las mejores condiciones. Por procesar entendemos que las emociones surjan en ti, las sientas y las dejes desvanecerse tal y como llegaron, sin agarrarte a ellas, sin hundirte en ellas, sin representar una y otra vez el drama que te sugieren o que te recuerdan. Procesar es permitir que afloren pensamientos y emociones, observarlos y sentirlos y dejarlos marchar.

Si eres consciente de tu respiración, si prestas atención a tu inspiración y a tu espiración, podrás recobrar tu poder interior, mantenerte centrado en medio de la mayor de las tormentas, ya que serás capaz de sujetar firmemente el timón de tu navío interior. Y, así, estarás en mejores condiciones de responder al mundo exterior, con sabiduría y calma.

CAPÍTULO 3

Un sábado en el campus

«Qué increíble es todo esto», pensó Goyo. «No sé si lo entiendo todo. CQP1.0 parece tan sencillo y tan complicado a la vez. Parece estar diciéndome que si presto atención a una serie de cosas, como mi respiración, mis movimientos, emociones, pensamientos, si presto atención a los trucos de quien me ataca y a sus intentos de comerme el coco, estaré en condiciones de no dejarme engañar por las fanfarronadas de nadie, y eso me dará la calma y la fuerza necesarias para salir bien parado de esas situaciones de acoso».

El chico aguardó con impaciencia la llegada del sábado. Había pedido permiso en casa para pasar la mañana en el campus del colegio haciendo deporte, algo que extrañó ligeramente a su madre, pero no le dio más vueltas. Al fin y al cabo, su hijo estaba en plena edad del pavo, así que sus cambios bruscos de opinión no le sorprendían mucho. Un día podía odiar el deporte y al otro amarlo locamente.

El chico se preparó una lista de preguntas esperando que Roge, el jardinero, se las contestase, o, en el peor de los casos, Lika. Se vistió con el chándal azul con rayas blancas y sus zapatillas de deporte, algo viejas y roídas. A eso de las diez de la mañana, cogió el metro y cruzó Madrid.

No había muchos alumnos en el campus, a excepción del equipo de rugby. Entrenaban asiduamente en el colegio y formaban parte de ligas y competiciones importantes. Los jugadores del equipo eran el orgullo del colegio. Formaban un grupo muy unido y no solían integrarse con los demás alumnos.

Goyo buscó a Roge en el gimnasio pero no lo encontró. Se dirigió a los vestuarios y allí encontró a Lika, también vestida con chándal.

–Ven, vamos a ver a Roge; está podando unos cipreses junto a la valla exterior.

El chico la siguió en silencio observando el lenguaje corporal de la chica. Había algo en ella que emanaba esa seguridad interior que había leído en CQP, pero también había mucho más que eso... una seguridad sobrenatural. Como si Lika fuera conocedora de un secreto aún no revelado. «Hay algo en ella...», pensó el chico.

–Puedo adivinar tus pensamientos, Goyo –dijo Lika sonriendo–. No te preocupes. Pronto sabrás más. Dentro de poco podrás experimentar por ti mismo.

–Hola, chicos –dijo Roge viéndoles llegar–. Sentaos aquí un ratito mientras termino de podar estos árboles. Me están pidiendo a gritos que les corte el pelo.

–Roge... ¿puedo hacerte unas preguntas? –dijo Goyo.

–Ahora mismo no, Goyo. Estoy hablando con los árboles. Me gusta hacer las cosas de una en una, dedicando toda mi atención a lo que hago. Las plantas y árboles son seres vivos. Se merecen nuestro cariño y nuestra gratitud. Nos dan mucho y solemos olvidarlo. Respiramos gracias a ellos.

El aire era muy fresco aquella mañana de mayo y los dos chicos se tumbaron en la hierba mirando al cielo. Goyo recordó de pronto las explicaciones sobre la respiración en CQP1.0 y decidió observar sus inhalaciones y exhalaciones. Así tumbado era más fácil sentir cómo el abdomen se hinchaba y deshinchaba con la entrada y salida de oxígeno.

–Hummmm, qué gozada –dijo Lika–... No quiero ni pensar en los exámenes que se avecinan –suspiró.

–Uff... No me hables, llevo el curso muy mal –dijo Goyo, incorporándose de pronto.

–Ya está, chicos... Estos árboles están preparados para soportar el caluroso verano que se nos viene encima –dijo Roge sacudiéndose las ramitas y hojas que habían caído sobre su camisa tras la poda.

–Antes que nada, ¿qué tal la lectura del programa? ¿Lo entiendes, Goyo?

—Sí. Me gusta mucho. La verdad es que me está ayudando a comprender muchas cosas sobre las que ni siquiera había pensado antes. Darme cuenta de que un *bully* puede estar sufriendo muchísimo en su casa o en otros ambientes, me da que pensar.

—Sabiendo eso, ¿qué sientes ahora por los agresores? —preguntó Roge.

—La verdad es que, visto como lo has contado en CQP1.0, los agresores que han sido víctimas de acosos me dan pena.

—¡Exacto! ¡Has dado en el blanco!... Ellos pretenden hipnotizarte para que creas que tú eres la víctima, pero aquí la única víctima de una terrible vuelta de tuerca del destino son ellos. No lo olvides nunca. Cuando ves las cosas sin estar cegado por las proyecciones mentales de los demás, te das cuenta de que en los casos de agresión tú no eres ni el culpable ni la víctima. Sólo eres un instrumento para que los agresores, que son víctimas, representen un drama personal ante los demás. Tú sobras en esa película, Goyo. Contigo no va la cosa. Si te das cuenta de ello, podrás APARTARTE mentalmente, psicológicamente, emocionalmente, físicamente. No tomarse las cosas tan personalmente o tan a pecho es otra de las lecciones de CQP. Es importantísima, Goyo, y si logras aprenderla y sacar provecho de ella, tu vida entera será mucho más feliz. ¿Me comprendes?

—Sí, creo que sí —contestó el chico rascándose la cabeza.

Lika jugaba con un palo trazando dibujos sobre la arena. Guardaba silencio y no perdía palabra de lo que allí se decía. Para ella, las enseñanzas de Roge eran de incalculable valor. Conocía al dedillo la apasionante vida de su tío y no dejaba de aprender cosas nuevas de ella.

—Os contaré una anécdota de cuando me enrolé en un barco de la marina mercante británica —dijo Roge—. Con ella, aprenderéis la importante lección del *No-Dos*.

—¿*No-Dos*? —exclamaron Goyo y Lika al unísono—. ¿Qué significa eso?

Roge se sentó con las piernas cruzadas. Enderezó su espalda y, dirigiéndose a los dos chicos con una bondadosa sonrisa, comenzó su relato:

«Hacía muchos años que no había sufrido la tentación de usar la violencia y estaba seguro de haber dejado atrás aquellos oscuros años de mi infancia. Pero cuando me enrolé en aquel barco inglés, el *Deponia*, un presentimiento me puso en guardia. Un grupo de marineros ingleses, de Liverpool, veteranos en aquel barco mercante que surcaba los mares de Oriente, me miró con ojos desafiantes y barbilla prepotente al subir a bordo con mi pequeño petate al hombro. Los días siguientes, hicieron todo lo posible por dificultar mi trabajo, tirándome cosas al suelo, haciéndome tropezar con las cuerdas de proa y una larga lista de cosas capaces de poner de los nervios a cualquier inexperto marinero como yo.

En vistas de que no sabía manejarme bien en los trabajos de la cubierta, mi superior me asignó el puesto de pinche de cocina. Allí, varias veces al día, tuve que morderme la lengua y sujetar mis puños en silencio ante las constantes provocaciones de la banda inglesa, que se las había ingeniado para bajar a molestarme periódicamente. *«Hey you spick, remember La Armada?»*: Eh, tú, españolito, ¿te acuerdas de la Armada?, me decían mofándose de la Armada Invencible.

Mi inglés era penoso como para enfrascarme en una discusión de Historia con ellos, y sin duda hubiéramos llegado a los puños mucho antes de no ser por Huangzu, el cocinero. *«¡No-Two, No-Two!»:No-Dos, No-Dos,* me decía el chino, al tiempo que lanzaba sus cuchillos afilados clavándolos en una improvisada diana en la pared.

Por más que intenté comunicarme con Huangzu éste rehusó hablarme, empeñado en repetirme una y otra vez su *«No-Two, No-Two»*.

Una noche, cuando estábamos recogiendo la cocina después de la cena, tres ingleses con los codos apoyados en la pared del pasillo me bloquearon el paso. Masticaban un palillo roído moviéndolo en la boca en todas direcciones, al tiempo que me miraban en silencio con cara de asco. En aquel instante me olvidé de las promesas hechas ante la tumba de Teresa. Algo instintivo, casi animal, se apoderó de mí, y decidí que los destrozaría a puñetazos. Me abalancé sobre el más grande de los tres, el pelirrojo, y alcé el puño gritando con todas mis fuerzas. En un rápido movimiento, el anglosajón se apartó y fui a caer de bruces al suelo. Los tres marineros se rieron de mi torpeza y volvieron a la carga. Les miré desde el suelo con rabia, secando la saliva que se deslizaba por mis labios: tenía muchísimas ganas de pegarme con ellos. Me levanté y corrí hacia el más pequeño. Tenía el puño casi incrustado en su cara cuando, por detrás mío, en un rápido movimiento,

Huangzu logró deslizarse y colocar la palma de su mano entre mi puño y la cara del inglés. Sonriendo apaciblemente, dijo: «*No-Two*».

Los ingleses, deseosos de alejarse del cocinero, que tenía fama de lanzar sus cuchillos apuntando a la entreceja de sus víctimas, se marcharon rápidamente del lugar.

—¿Qué narices es *No-Two*, Huangzu, quieres explicarme?

—Significa *No-Dos* —dijo en perfecto castellano.

—¿Ahora vas a decirme que hablas español? —grité sorprendido.

—Tuve una novia filipina hace años —dijo sin darle mayor importancia.

—Desde luego eres una caja de sorpresas. Si no fuera por tus ojos rasgados cualquiera diría que te llamas Juanjo y que eres de Logroño. ¿Qué es entonces *No-Dos*? —pregunté, cansado de oírle repetir aquella expresión.

Huangzu se dio la vuelta y regresó a la cocina. Allí limpió su afilado cuchillo y lo guardó en el cajón superior de la encimera. Después, retiró del fuego una pequeña tetera negra donde cada noche se preparaba un brebaje a base de hierbas y algas. Sonriendo en silencio nos sirvió la infusión en unas tazas.

—Si consigues que toda tu vida sea *No-Dos*, tu pequeña e insignificante existencia no será en vano —dijo.

—¿Qué quieres decir con eso? —pregunté.

—Está claro. Dos. Uno y dos. Dos, el problema es dos. Siempre dos. Uno y dos —dijo soplando sobre su taza para enfriar la infusión.

—¡Por Dios!... No te entiendo —dije angustiado—. Explícate mejor.

Huangzu me miró sonriendo y bebió su brebaje de un rápido sorbo. Cuando hubo terminado, limpió la taza, la colocó en el estante y, dándome una palmada en el hombro, me dijo:

—Buenas noches. Tendrás que encontrar el significado de mis palabras tú mismo».

—...Y así me dejó Huangzu y así os pienso dejar a vosotros. *No-Dos* —dijo Roge sonriendo.

—¿Qué? ¿Cómo? —gritaron Lika y Goyo.

—¡Tíoooooooooooo, no nos hagas esto! —dijo la joven.

Goyo estaba muerto de rabia. Le repateaba que le dejasen con la miel en los labios, a punto de desvelar un secreto que de pronto volvió a sumirse en la oscuridad de lo no revelado. Se prometió arrojar luz sobre aquel secreto en cuanto le fuera posible.

–Hora de responder a tus otras preguntas sobre CQP 1.0, Goyo... ¿Cuáles son?

–En el disquete mencionaste que en el segundo colegio al que fuiste lograste asustar a los chicos que te atacaron gracias a movimientos, entonación de voz y seguridad interior. Pero, si yo hago eso mismo con los chicos que me acosan, creerán que estoy actuando porque saben que siempre me he acobardado ante sus ataques... ¿Por qué me iban a creer ahora?

–Buena pregunta. Tienes razón en lo que dices. CQP es un programa multinivel, te va a ayudar en muchos sentidos. Te ayudará a comprender las agresiones, a verlas con nuevos ojos, a entender al agresor, a entender al agredido. Cuando entendemos las cosas, podemos más fácilmente resolverlas o trascenderlas. Gracias a algunas claves como el lenguaje verbal, el lenguaje corporal, con el tiempo irás sintiéndote más seguro de ti mismo. Puede que al principio te parezca que estás fingiendo, pero verás que en realidad estás cambiando porque tu forma de entender las cosas cambia. Dijo un sabio llamado Jesús que la verdad nos hará libres, y así es. Cuando comprendes la mecánica del *bullying*, te liberas de ello. Ya no eres una víctima y puedes elevarte por encima y actuar desde la libertad. No espero que entiendas todas mis palabras, pero ten paciencia contigo mismo y conmigo. Me ha costado mucho escribir CQP1.0. No es fácil, ¿sabes? Intento con todo mi corazón que ningún joven vuelva a ser agredido, acosado, maltratado, y explicar lo que he aprendido a través de los años, del dolor y los puñetazos, no me resulta fácil. ¿Me perdonas?, dijo Roge.

–Pues claro, Roge... Si estoy agradecidísimo a la ayuda que me estás, que me estáis prestando tú y tu sobrina... Es increíble, es mágico... Gracias, muchas gracias –dijo.

–Gracias a ti, Goyo. Una persona que saca provecho de CQP es una persona dispuesta a enseñar esto mismo a otras cien personas, y así, en poco tiempo, podemos obrar milagros ayudando a quienes lo necesitan. ¿Qué otras preguntas tenías?

–¿Recuerdas que tuve un sueño en el que vi que los insultos se me quedaban pegados en el cuerpo en forma de energía de color negro? Pues al día siguiente en clase de atletismo me insultaron y me quedé mal todo el día. Me acordé del sueño pero no supe qué hacer por liberarme de ese insulto –dijo Goyo.

–Venid los dos, vamos al interior del gimnasio; vamos a aprender el poder de las palabras y la intención con la que se usan con unos ejercicios –dijo Roge incorporándose.

Los dos chicos siguieron al jardinero al interior del gimnasio, un espacio muy amplio donde se practicaban todo tipo de deportes de interior como fútbol sala. Roge cogió una pelota de fútbol abandonada descuidadamente en el suelo.

–Vamos a ver –dijo–. Goyo, quiero que te imagines que estás en un partido de fútbol y que juegas para marcar un gol. Lika, tú eres del equipo contrario, o mejor aún, tú estás en las gradas insultando a Goyo con las peores palabras que puedas imaginar. Cuando diga 'ya', Goyo intenta marcar un gol mientras tú, Lika, vomitas todo tipo de insultos hacia él. Yo seré el portero –concluyó, colocándose en posición.

Goyo cogió la pelota imaginándose un regateo y corrió con el balón delante de su pie derecho hacia la portería; Lika, por su parte comenzó a gritarle: «¡Marica! ¡Enano! ¡Gordo! ¡Imbécil! ¡Estúpido! ¡Inútil! ¡Que no vas marcar ni de broma, desecho humano…!»

Goyo se puso nervioso al oír aquellos insultos. Sus piernas temblaron. Ni que decir tiene que cuando se dispuso a tirar a puerta, el balón no fue a parar ni remotamente cerca de la portería.

–Bien, ¿has visto? –dijo Roge–. Ahora quiero que hagáis lo contrario. Lika, intenta marcar un gol; y tú, Goyo, quiero que en lugar de insultarla le animes, diciéndole palabras que sepas que le ayudarán a marcar.

Los dos chicos intercambiaron posiciones. Lika jugueteó un poco con el balón afianzándose en su manejo, y cuando estuvo dispuesta a marcar, Goyo gritó:

—¡Ánimo, tu puedes, sí que puedes, claro que puedes! ¡Eres la mejor, Lika! ¡Tira *p'alante*! ¡Vamos, claro que puedes! ¡Ánimo! ¡Lanza! ¡Vas a marcar, campeona!

Lika cerró los ojos y dejó que su pierna golpeará el balón. Marcó un hermoso gol.

—¡Hurra! ¡Hurra! ¡Mi primer gol! —gritó entusiasmada.

—¿Veis ahora el poder de las palabras y de las intenciones con las que se pronuncian? —dijo Roge, levantándose del suelo tras su caída intentando para el balón—. ¿Comprendéis por qué en general los equipos de fútbol prefieren jugar en casa? ¿No será que se sienten más respaldados por la afición, y que las palabras que escuchan y que les llegan, como dardos, son palabras de aliento y apoyo?

—Roge, ¿qué puedo hacer cuando me insultan para que ese insulto no me afecte tanto? —preguntó Goyo.

Roge recogió el balón de fútbol y lo depositó en una taquilla del gimnasio. Luego, girándose hacia Goyo, le sujetó por los hombros y le dijo:

—Los insultos te llegan porque tienen dónde pinchar. Cada vez que alguien te insulte y a ti te duela, es una señal de que aún tienes trabajo interior que hacer.

—¿Trabajo interior? ¿Qué significa eso? —preguntó el chico.

—Por desgracia, en esta vida nunca dejamos de ir al colegio; de eso te darás cuenta cuando crezcas, jovencito. El trabajo interior es algo de lo que poco se nos habla en el colegio o en casa y que todos tenemos que hacer si deseamos vivir lo más felices y en paz posible.

Lika se acercó a ellos y se sentó junto al potro escuchando atentamente a su tío.

—¿Os habéis dado cuenta de que hay insultos e insultos? —inquirió Roge.

—Sí. Unos duelen y otros nos dan igual, ¿te refieres a eso? —dijo Lika.

—Exacto. ¿Y por qué nos duelen? —preguntó a su sobrina.

—Goyo, aún no sabes que yo también fui víctima de *bullying* —explicó Lika—. Eran unas chicas de mi clase, el año pasado. Me cogieron manía y me hicieron una auténtica guerra psicológica. Parecían brujas. Sabían a la perfección dónde más me dolía y ahí me daban una y otra vez buscándome las cosquillas. En aquella época me había salido acné y tenía siempre la cara llena de espinillas. Aquello me daba una vergüenza tremenda y ellas supieron sacarle partido. Me saludaban cada día diciendo «Hola, grano; hola, cara-cráter»... ¿Te refieres a esta forma de insultar, tío? –preguntó.

–Sí. Hay insultos que se dicen al vacío sin darles mucha importancia o sin rebuscar mucho. Otros en cambio son muy intencionados, se lanzan con una fuerte carga energética, una fuerte intención, y parten de la base de que tienes heridas o asuntos que no has resuelto interiormente, como un complejo, por ejemplo. En este caso el insulto es especialmente cruel y está diseñado a la medida de quien lo va a recibir de la forma más hiriente posible. Así, el chico gordito o la chica con acné recibirán todo tipo de ataques sobre su físico. Si le gustan los *donuts*, seguramente recibirá insultos que hagan alusión a su comida favorita. Si no puede hacer deporte de forma ágil, se lo reprocharán culpándole por estar gordo...

–¿Y qué podemos hacer? –dijo Goyo.

–Cuando te insultaron el otro día, sufriste dos veces. No sólo sufriste por escuchar el insulto, sino que encima cargaste con él a cuestas todo el día, y aquello afectó al resto de tus actividades porque influyó en tu estado de ánimo, ¿verdad? –preguntó el jardinero.

–Sí –contestó el chico.

–**Los insultos tienen que pasar a través tuyo como flechas atravesando una nube incorpórea e insustancial. Si no lo hacen es que tienes un complejo o una herida por sanar y la flecha se ha ido a clavar en el centro de tu problema, y seguirá doliéndote hasta que, o elimines el problema, o elimines tu percepción sobre ese problema, o bien aprendas a no cargar a cuestas con el insulto.**

–¿Y cómo puedo hacer eso? –preguntó Goyo repentinamente angustiado.

–Si te insultan llamándote gordo y a ti te duele es porque tú también te ves gordito y no te aceptas como estás; te odias como persona gordita, te sientes incómodo y no haces nada por remediar eso que no te gusta de ti, en este caso el sobrepeso. Su insulto va a caer sobre ti como anillo al dedo porque con él van a estar recordándote todo el día que estás gordo y que encima has de sentirte culpable porque no estás haciendo nada por remediarlo. ¿Solución? Mi consejo es que:

1. Te aceptes tal y como eres y como estás ahora mismo, y además de eso:
2. Si no te gusta estar gordito, haz algo por remediarlo, y además de eso:
3. Elimina los sentimientos de culpabilidad. Con ellos sólo logras hundirte más. Si transformas los sentimientos de culpa por palabras y sentimientos de apoyo hacia nuevas formas de obrar para adelgazar, hacer deporte, comer mejor; entonces poco a poco te encaminarás hacia la dirección correcta y marcarás el gol. Pero desde la culpa y el remordimiento no llegarás a ningún sitio, porque son emociones que te paralizan.

Cuando te aceptes a ti mismo honestamente, sin engañarte, cuando estés haciendo cosas por mejorar aquello que te acompleja, entonces los insultos de otras personas no podrán tocarte porque interiormente sabrás que estás haciendo algo positivo por superarlo, y lo único que buscan esas personas es que permanezcas hundido sin salir del pozo. Pero, además de eso, hay otra técnica.... La de los *TM*.

–¿Se la vas a explicar ahora? –preguntó Lika entusiasmada.

–No... Ahora no es el momento –dijo Roge–. Pero ya hablaremos de ella.

–¡Aaaah, siempre me dejáis con la miel en los labios! –gritó Goyo.

–Cada cosa a su tiempo –dijo Roge–. CQP 1.0 tiene sus ritmos, sus momentos; ciertas cosas han de ser explicadas varias veces para que de pronto veas la luz y lo comprendas en toda su dimensión.

Los tres salieron del gimnasio y Roge cerró el recinto con llave. Serían cerca de las doce y media y, antes de marcharse, el jardinero quiso enseñar a Goyo algunos ejercicios físicos.

–Trabajé en el *Deponia* durante cuatros años, cuando yo tenía más o menos 23. Huangzu se convirtió en mi jefe y mi maestro. He atesorado en el corazón todas las enseñanzas que me impartió. Algunas de ellas, según me explicó, sólo las entendería con el tiempo. Pero a él no pareció importarle. «El *Arte de Ser* es suficientemente poderoso como para viajar a través del tiempo», me dijo un día. «No te preocupes si no entiendes hoy. Mañana, que no es sino otro hoy, lo entenderás».

Roge guardó un minuto de silencio para permitir que los dos jóvenes asimilaran sus palabras. Después se incorporó y, ayudando a los chicos a levantarse, prosiguió:

—Ven, Goyo. Quiero enseñarte un par de ejercicios que te ayudarán a estar en forma interiormente.

—¿Interiormente? —preguntó Goyo.

—Sí. Se trata de una serie de ejercicios que te ayudarán a incrementar tu confianza interior, tu seguridad en ti mismo. El primero de ellos es muy sencillo. Se trata de girar de un lado a otro el tronco de tu cuerpo moviendo las caderas de izquierda a derecha, de derecha a izquierda, así sin parar, con los pies fijos en el suelo y manteniendo los brazos totalmente relajados, sueltos, sin controlarlos. Permite que las piernas estén ligeramente flexionadas.

Lika y Roge comenzaron a girar de esta forma, cerrando los ojos y dejando que sus brazos siguieran los movimientos giratorios de izquierda a derecha, sin control alguno. Goyo imitó a sus dos nuevos amigos. Apartó las piernas de manera que estuvieran alineadas con los hombros, es decir, unos 40 centímetros, cerró los ojos y comenzó a girar.

Aquello le relajó instantáneamente. Toda su columna vertebral se benefició de aquel sencillo movimiento liberando tensiones acumuladas en la parte superior de la espalda.

—No te olvides de respirar, cuanto más profundo y relajado mejor. Gira tu cuerpo con las caderas, no con las piernas —puntualizó Roge.

Goyo modificó la postura y siguió girando de izquierda a derecha.

—Ufff, qué bueno, qué bien me siento —exclamó el chico después de unos minutos girando de aquella forma.

—Este ejercicio aparentemente tan insignificante es importantísimo. Huangzu me dijo en una ocasión que si sólo pudiera hacer un ejercicio al día, sin duda elegiría éste por la cantidad de beneficios que tiene para el cuerpo y la mente. Me recomendó que lo realizara cinco minutos por la mañana y otros cinco por la tarde después de mis tareas diarias. Aunque no me explicó todas las propiedades de este ejercicio, sí me dijo que me ayudaría a liberarme de muchas de las tensiones acumuladas durante el día, y que era un excelente ejercicio de calentamiento... En una ocasión —prosiguió Roge—, en la que me vio especialmente agobiado por los ataques que sufrí por parte de esos ingleses, Huangzu me dijo: «Cuando gires de esta forma, piensa que por muy mal que vaya la vida, por mucho que las circunstancias te empujen en una dirección o en otra, de izquierda a derecha, tú eres como un árbol firmemente centrado en tu ser. Eres más grande que las circunstancias o problemas que te rodean», me dijo.

–¿Quieres decir que acompañe el ejercicio con pensamientos como esos?, preguntó Goyo.

–Exacto. Te voy a revelar un secreto: **tu cuerpo te escucha**. Está siempre escuchando tus pensamientos y responde a ellos con mucha obediencia. Así, si tus pensamientos diarios son negativos, tu cuerpo terminará reflejándolos, y si tus pensamientos son confiados, positivos, optimistas, eso mismo reflejará tu cuerpo. Así que si utilizas tus momentos de ejercicio físico, para hablar a tu cuerpo, estarás reforzando aquello que quieras afianzar dentro de ti. Por ejemplo, en este caso el ejercicio del giro puede servirte para darte cuenta de que, aunque la vida te zarandee de un lado a otro, tú eres fuerte como un árbol, tienes tus raíces clavadas en el suelo, en la tierra, y tu cabeza mirando al cielo. El viento puede empujarte en una dirección o en otra, pero tú eres fuerte. Los insultos de tus compañeros de clase pueden sacudir tus ramas, pero no pueden contigo porque tú eres mucho más de lo que crees –explicó Roge.

–¡Vaya! No se me había ocurrido combinar los ejercicios físicos con esas ideas. Déjame probar –dijo Goyo, volviendo a repetir el ejercicio.

Lika y el jardinero observaron sonrientes al chico. El joven sonreía de oreja a oreja mientras dejaba que su cuerpo girase en una dirección y en la otra. Ahora estaba tomando conciencia del eje de su cuerpo y de la importancia de aquel simple ejercicio.

–¡Caray! Cuando giro de esta forma me siento grande, me siento ligero, me siento fuerte.

–Explora este ejercicio, Goyo; juega con él, utiliza tu imaginación y deja que este movimiento te ayude –le dijo Lika–. Desde que lo aprendí hace unos meses, he imaginado un montón de cosas mientras lo hago. A veces utilizo colores y visualizo que estoy dentro de un huevo del color que más me atraiga ese día, y que al girar así estoy eliminando todas las cosas que me angustian o me apenan.

—Vaya, no se me había ocurrido eso tampoco —dijo el chico entusiasmado—. Además es un ejercicio ideal para perezosos porque no te cansa; todo lo contrario: te deja relajado pero también te sientes mucho más flexible y enérgico que antes de empezar. Se lo voy a enseñar a mi madre, seguro que le chifla.

Otro ejercicio que te ayudará enormemente a incrementar tu seguridad y confianza personal es el siguiente —dijo Roge adoptando una postura similar a la empleada en artes marciales, Tai Chi y Chi Kung.

—Ponte recto, la espalda recta y las piernas ligeramente flexionadas. Como si fueras un escorpión, mete hacia dentro ligeramente la parte inferior de tu espina dorsal, es decir la pelvis. Ésta es la postura base que mantendrás en todo el ejercicio. Empieza por colocar las manos a la altura del ombligo, la mano izquierda encima de la derecha. Cuando respires, lleva tu atención a esa zona, unos dos centímetros por debajo del ombligo. Inhala y exhala sintiendo esa zona. Respirar de esta forma te ayuda a conectar con tu poder interior. Pruébalo. No necesitas estar en ninguna postura especial para respirar así. Con llevar tu atención a unos cinco centímetros de tu ombligo, estarás activando tu zona de poder personal. Es lo que los japoneses llaman el *hara* (*dan tian* para los chinos), y donde se practicaban el *harakiri*, una ritual para morir, clavando su espada ahí.

Goyo interrumpió las explicaciones de Roge:

—¡Anda! Así que cuando a mí me atacan y yo noto el ataque como si me hubieran pegado un puñetazo en el vientre, ¿lo siento así porque me están atacando en mi centro de poder?

—Sí, en cierto modo sí. En general muchas formas de ataque son percibidas por el cuerpo en esa zona tan vital. Cuando es así, todo nuestro cuerpo entra en modo de emergencia y nos resulta muy difícil permanecer relajados.

—Y si la pandilla de Rafa arremete contra mí y yo me centro en mi respiración visualizando ese punto, ¿me sentiré mejor? —preguntó Goyo.

—Sin duda. Lo que sucede es que cuando nos atacan, generalmente nos pillan por sorpresa y no tenemos tiempo de activar todas las enseñanzas que hemos aprendido. Por eso tienes que tener un poco de paciencia contigo mismo, practicar estas técnicas y el **arte de estar atento** –dijo Roge.

–¿Atento? –preguntó Goyo.

–Sí: atento a lo que sucede dentro de ti y también a lo que sucede fuera, pero principalmente atento a lo que sucede dentro de ti.

–¿Cómo puedo hacer eso? –preguntó Goyo, insaciable.

–Déjame que te explique primero en qué consiste este ejercicio, y luego te contaré cómo aprendí, a base de palos, el arte de estar atento. ¿Vale? –rió Roge.

–¡Jajaja! ¡Tío, acabas de crear otro monstruo de las preguntas! Ahora nos tendrás a Goyo y a mí acosándote a preguntas todos los días –dijo Lika.

–Sobrinita, me encanta que hagáis preguntas, es buena señal… Este ejercicio se llama La Gran Esfera. Observa cómo lo hago –dijo el jardinero, al tiempo que iniciaba una serie de movimientos de gran belleza y precisión.

Goyo y Lika observaron cómo el jardinero iba trazando una esfera invisible alrededor de su cuerpo, moviendo los brazos en todas las direcciones. Su cara y sus manos acompañaron el ejercicio con gestos de tremenda fuerza y concentración. También acompañó los movimientos con su respiración, exhalando por la boca cada vez que movía su cuerpo e inhalando por la nariz cuando se mantenía quieto. Terminó el ejercicio, inmóvil, con las manos unidas en posición de rezo a la altura del corazón y respirando apaciblemente. Los dos jóvenes sintieron la fuerza que emanaba el cuerpo del jardinero tras el ejercicio.

–Es impresionante –dijo Goyo–. Por un instante pensé que eras un dragón.

–Antiguamente este ejercicio era conocido como Las Siete Puertas del Dragón, pero a mí me gusta más llamarlo La Gran Esfera, porque realmente, si te fijas en el ejercicio, lo que estás haciendo es formar una esfera invisible a tu alrededor. Pero puedes llamarlo como quieras. Cuando te hagas amigo de este ejercicio, a fuerza de practicarlo, saboreándolo y aprendiendo de él, le darás tu propio nombre… Hora de marcharse –dijo Roge mirando su reloj–. Tu tía María no me perdonará si llego tarde a la paella de los sábados. Vámonos.

CQP 1.0

—Roge ¿este ejercicio está explicado en CQP 1.0? —preguntó Goyo.

—Sí. Sigue leyendo y ahí lo encontrarás. Mi consejo es que practiques estos ejercicios cada día. Ya hablaremos el lunes en el recreo. Que pases un buen fin de semana, Goyo —se despidió el jardinero.

—Adiós, Goyo; me voy con mi tío —anunció Lika.

—Adiós, ¡y gracias!, —dijo el chico, alejándose en dirección a la puerta sur del colegio, el único acceso abierto los sábados.

Goyo caminó sonriente, como si flotara en una nube. Sin apenas darse cuenta de por dónde andaba llegó al metro, mostró su tarjeta del abono en la taquilla y prosiguió por los pasillos. Un chicle, pálido y desgastado, le trajo de nuevo a la realidad. «Mierda. Siempre se me pegan al zapato, ¡maldita suerte!», gruñó el chico.

Las estaciones de metro desfilaron una tras otra ante la mirada perdida del joven. Estaba totalmente absorto, recordando cada una de las palabras de cuanto había escuchado aquella mañana en el gimnasio. Se encontraba totalmente fascinado por las enseñanzas de Roge y el modo en el que Lika las había aprendido, de una forma tan fresca y natural. Se sintió esperanzado pensando que si ella había logrado vencer una situación de acoso escolar por parte de unas compañeras de su clase, él también podría hacerlo. Por primera vez en mucho tiempo no se sintió solo ante el peligro, sino respaldado por personas que conocían el tema y que habían hecho cosas por resolverlo. Suspiró aliviado y confiado en que a partir de entonces las cosas cambiarían para mejor.

Estaba enfrascado en esos pensamientos cuando un grupo de jóvenes irrumpieron en el vagón gritando y alborotando. Goyo les miró y, por una fracción de segundo, estuvo a punto de volver a caer en la misma actitud de siempre, acobardándose en previsión de un ataque. Pero esta vez algo en su interior le hizo girar la cabeza, ignorar a los chicos y seguir reviviendo en su mente aquella maravillosa mañana.

Los alborotadores ni se fijaron en Goyo y se colocaron en el extremo opuesto del vagón, metiéndose los unos con los otros y forcejeando en broma.

— 63 —

Que Goyo fuera capaz de elegir entre darle importancia a la llegada de esos chicos y asustarse anticipando una posible agresión o darse la vuelta y no prestar atención a los chicos, era algo totalmente novedoso y muy importante. Aquello sí que fue todo un éxito, pero el joven estaba tan absorto en sus pensamientos que ni se dio cuenta. Muchos milagros como éste ocurren a diario en nuestras vidas, pero no estamos ahí para observarlos. Si cuando las cosas van bien estuviéramos presentes para felicitarnos por ello y alentarnos a seguir por ese camino, con el tiempo, en lugar de percibir nuestros defectos y hundirnos por ello, percibiríamos nuestras victorias y nos afianzaríamos en ellas.

Una vez en casa, Goyo prosiguió la lectura del disquete.

CAPÍTULO 4

TODO COMIENZA CON UN PRIMER PASO

Prácticas con CQP 1.0

No se conquista la cima de una gran montaña de un tirón, así que, para liberarte de los efectos de una agresión escolar, ten paciencia y perseverancia. Pon en práctica algunos de estos consejos hasta que te sientas cómodo con ellos.

El arte de estar atento

Decirle a un chico o chica joven que preste atención es algo muy difícil, ya lo sabemos. Vuestros profesores no cesan de intentarlo. Sin embargo ahí fuera, en el ancho mundo, lejos de la protección del colegio o de vuestro hogar, estar atento puede salvaros la vida. Todos los practicantes de artes marciales, de boxeo, de cualquier deporte, todos los conductores de autobús, los policías, militares, controladores aéreos, los cirujanos, por mencionar a algunos profesionales, saben cuán importante es prestar atención, estar presentes. «Bueno, cuando necesite estar atento, ya lo estaré», dicen muchos. Ese momento y esa capacidad de estar atento **nunca** llega si antes no se ha practicado. Una forma de empezar a aprender el arte de estar atento es fijándonos en nuestra respiración. Observando cómo entra el aire por nuestra nariz, cómo se desplaza por nuestro interior, llenando los pulmones, y cómo sale suavemente por la nariz. Si practicas este ejercicio durante cinco minutos al día verás cómo tu capacidad de atención aumenta considerablemente. No es un ejercicio fácil, ya lo verás. Los pensamientos irán surgiendo en tu mente invitándote a que te olvides de observar tu respiración. Cuando eso suceda, deja pasar el pensamiento y vuelve a concentrarte en tu respiración. Puedes contar tus inhalaciones y exhalaciones si eso te ayuda. Es incluso divertido que compitas contigo mismo para ver cuántas inhalaciones o exhalaciones cuentas sin distraerte. ¡Un juego que no requiere máquina ni pilas y que puede ser practicado en cualquier sitio!

Igualmente, a lo largo del día, cuando te acuerdes, toma conciencia de ti mismo, observa dónde estás sentado, qué sensaciones produce la silla en tus muslos y tu trasero. Observa la clase en la que te encuentres, los detalles colgados en la pared, la pizarra; mira a tus compañeros, a tu profesora; siente tu bolígrafo entre los dedos y vuelve de nuevo a observar tu cuerpo, tus manos, tus piernas; siente tu espalda. Siente dentro de ti cómo palpita tu corazón, cómo se hinchan los pulmones cuando respiras, cómo circula la sangre por tus venas. Respira hondo y toma conciencia de que estás AQUÍ Y AHORA. Céntrate en el corazón y siente que todo está bien.

¿Por qué es importante que hagas estos ejercicios aparentemente tan insignificantes?, te preguntarás.

Son esenciales para que cuando te sorprendan tus agresores, los acosadores que pretendan intimidarte o molestarte, tú estés presente. Sólo estando presente podrás impedir que ellos te influyan y te hagan creer que te tienen dominado, que estás derrotado y sin recursos. Sólo estando presente evitarás que sus insultos o tus propios pensamientos negativos se apoderen de ti y te hagan tambalearte inmerso en el miedo, la frustración, la impotencia. Sólo estando presente te acordarás de CQP1.0 y de sus técnicas para liberarte de un acoso.

En el momento en el que te insulten o te intenten agredir, si estás presente, podrás elegir entre sentirte una víctima o sentirte una persona poderosa y con recursos. Lo que decidas sentir será esencial para definir la marcha del ataque porque todo tu ser responderá a esos sentimientos, y tus agresores también lo percibirán.

En un principio puedes fingir sentirte seguro de ti mismo, incluso puedes repetir alguna frase que te tranquilice, como por ejemplo «*Todo está bien*», o «*Me siento seguro y en paz*». Eso te ayudará a relajarte y permitirá que tengas la mente más clara para saber actuar de la mejor forma posible.

Los cuatro puntos innegociables

Puede que no nos creas porque nadie te ha dicho antes lo que vamos a decirte, pero has de saber que estas palabras son totalmente ciertas y podrás leerlas cuantas veces necesites para creerlas e integrarlas dentro de ti. Respira hondo. Abre tu corazón y tu mente, y lee:
- –Eres formidable.
- –Tienes el mundo en tus manos.
- –Puedes ser y hacer todo lo que te propongas.
- –Te mereces lo mejor.

Tómate tu tiempo y saborea estas palabras. Siéntelas en todo tu cuerpo. Tómalas como si fueran una medicina. Respira hondo. Permite que todo tu cuerpo reciba estas palabras. Lee en voz alta y con todo tu corazón:
- –Soy formidable.
- –Tengo el mundo en mis manos.
- –Puedo ser y hacer todo lo que me proponga.
- –Me merezco lo mejor.

Respira hondo y sonríe. No son palabras cualquiera. No están vacías de contenido. Todos llevamos esas palabras grabadas con amor en el fondo de nuestros corazones pero pocos somos quienes las recordamos y las tomamos en serio.

Efectos secundarios no deseados

Ahora bien. Que te hayamos dicho esto no significa que ahora tengas licencia para comportarte destructivamente. El universo te ama y te quiere pero también ama y quiere a los demás, por lo que vivir en la tierra es una invitación a la cooperación y al respeto entre todos los reinos: humanos, animales, minerales, vegetales; en definitiva todo el planeta.

Cualquiera que te diga lo contrario, es decir que no eres formidable, que no tienes todas las posibilidades, que no te mereces lo mejor, está buscando minar tu confianza interior y herir tu autoestima. **Nunca** aceptes que **nadie** rompa tu autoestima, ni siquiera tus padres, tus profesores, tus mejores amigos o tu mismo. **Nadie**. Puedes ser alto, bajo, gordito, flaco, con granos, con la cara lisa; puedes cometer errores, suspender exámenes, enfadarte, ser injusto con alguien... Pero sigues siendo formidable, sigues teniendo todas las posibilidades en tus manos y sigues mereciéndote lo mejor.

Merecer lo mejor para uno mismo también significa mejorar cada día como persona, corregir errores, reconocer cuándo nos hemos equivocado, saber pedir perdón, saber perdonarse a uno mismo, apreciar y querer a los demás, apreciarse y quererse a sí mismo, sentir gratitud y sentir que, aunque diferentes en nuestras formas y modos de ser, todos somos iguales en el fondo.

Si tienes presentes los cuatro innegociables, tu autoestima siempre estará fuerte y sana, y cuando alguien te insulte no te vendrás abajo tan fácilmente como lo harías si tuvieras tu autoestima debilitada. Imagínate que estos cuatro puntos innegociables son como cuatro caballeros con sus poderosas armaduras, montados en caballos impresionantes, y que siempre están a tu lado, recordándote estos cuatro puntos y animándote a que te sientas apoyado, querido y aceptado siempre y en cualquier circunstancia. Son como los ángeles guardianes de tu autoestima. No te olvides de ellos. Todo lo que hagas en la vida y el éxito que tengas dependerá en gran medida de estos cuatro puntos y de si te los crees o no. Son como la fuerza, el motor que necesitas para moverte por el mundo y alcanzar tus metas.

Muchas personas dejaron de cantar, dibujar, soñar, escribir, practicar su deporte favorito porque alguien, un profesor, un amigo, un familiar, hizo en un momento dado un comentario tan negativo, hiriente y desafortunado que esa persona decidió abandonar aquello mismo que le hacía feliz y que revelaba su estado natural de alegría. El mundo entero está lleno de personas así, arrepentidas por haber creído en otras voces que no fueron las de sus cuatro guardianes de la autoestima. No seas tú una de ellas.

Goyo detuvo un momento la lectura y cerró los ojos. Las cuatro frases de los guardianes de la autoestima flotaron por su mente. Parecía como si estuvieran limpiando su cabeza de todos aquellos complejos que le invadían a diario, sobre todo en el colegio. Dejó que esas frases penetraran todo su ser y suspiró relajándose más y más.

Al cabo de unos minutos, el chico salió de su habitación en busca de un sándwich de mortadela y un zumo de piña. Su hermanita Laura jugaba en la cocina con un conejillo de indias tricolor que sus tíos le habían regalado un par de días atrás. Goyo acarició al animalito sin conseguir que su hermana le dejara cogerlo en brazos.

—¡Es mío, es mío! —gritó ella.

—Tranquila, Laura, ya sé que es tuyo. ¿No me vas a dejar cogerlo un poco? —preguntó Goyo con voz paternal.

—¡No! ¡Es mío! —se empecinó la niña.

El chico suspiró, olvidando que no hace muchos años él también se comportaba de un modo tan posesivo con sus juguetes y mascotas. Cogió el sándwich y la bebida y regresó a su habitación.

Ejercicios para incrementar tu confianza

Aunque en el colegio sólo hagamos gimnasia una vez a la semana, es importante realizar a diario algunos ejercicios de estiramiento que nos ayuden a mantenernos flexibles durante toda nuestra vida. Si además hemos sufrido un acoso o agresión, es importante que hagamos ejercicio para liberar la tensión provocada por las emociones negativas que hemos sufrido durante dichas agresiones. Nuestro cuerpo utiliza el movimiento, el llanto, los gritos, para liberar la tensión acumulada. Por ello es bueno que colaboremos con él ofreciéndole la posibilidad de descargar esa tensión. Uno de los mejores ejercicios para ello es caminar a paso ligero. Nosotros te recomendamos también los siguientes ejercicios que puedes realizar bajo tu entera responsabilidad. No olvides que si tienes algún problema físico has de consultar con tu médico antes de hacer ningún esfuerzo físico.

El giro

Conecta firmemente con el suelo, con la tierra. Separa las piernas a una distancia similar a la de tus hombros. Flexiona ligeramente las rodillas. Deja que tus brazos descansen a ambos lados de la cintura y, cuando comiences a girar de un lado a otro, deja que tus brazos sigan los movimientos de tu cadera sin esfuerzo muscular alguno. Tu cuello y tu cabeza acompañan en el giro el movimiento de tus caderas y de tu torso. Realiza este movimiento durante unos cinco minutos aproximadamente. Los beneficios de este ejercicio son incalculables; ayudará a mantener tu espalda y tu espina dorsal flexibles y libres de tensiones. Olvídate de todo mientras gires, y sólo siente el movimiento de tu espina dorsal.

La Gran Esfera

Este ejercicio está especialmente diseñado para incrementar tu confianza y seguridad interior. Los movimientos te ponen en contacto con las direcciones espaciales: norte, sur, este, oeste, arriba, abajo, dentro de ti. Si lo realizas todos los días un mínimo de unas doce veces, verás cómo tu equilibrio y estabilidad se ven incrementados, también tu confianza interior.

Todos los movimientos de este ejercicio se realizan sin moverse de sitio. La postura básica es la misma que la del giro, con las piernas separadas, las rodillas ligeramente flexionadas y la mano derecha reposando sobre la izquierda a la altura del ombligo. Antes de comenzar observa tu respiración y centra tu atención a unos cinco centímetros por debajo de tu ombligo.

1. Inhalamos por la nariz. Subimos ambas manos a la altura del corazón y desde allí, como si empujásemos el espacio ante nosotros, exhalamos el aire por la boca extendiendo los brazos hacia delante con los dedos hacia arriba y las palmas hacia afuera.

2. Inhalamos al tiempo que nuestros brazos regresan a la altura del corazón, las palmas tocándose como en posición de rezo. Exhalamos desplazando los brazos delante nuestro en un ángulo de 45 grados con respecto a nuestro cuerpo, con las palmas apuntando hacia el suelo, como si buscásemos conectar con la tierra.

3. Inhalamos al tiempo que nuestros brazos regresan a la altura del corazón, uniendo las manos. Exhalamos soltando los brazos paralelos al cuerpo, las manos apuntando hacia el suelo, como si descargáramos toda nuestra tensión.

4. Inhalamos al tiempo que nuestros brazos regresan a la altura del corazón, uniendo las manos. El siguiente movimiento se realiza al tiempo que exhalamos y llevamos nuestras manos abiertas hacia atrás en un ángulo de 45 grados.

5. Inhalamos al tiempo que nuestros brazos regresan a la altura del corazón, uniendo las manos. Exhalamos y apartamos nuestros brazos a ambos lados del cuerpo, en un ángulo de 90 grados, como si estuviéramos formando una cruz.

6. Inhalamos al tiempo que nuestros brazos regresan a la altura del corazón, uniendo las manos. Al exha-

lar, ahora giramos nuestras caderas y el torso a la derecha, al tiempo que formamos una cruz con el brazo izquierdo delante de nosotros, y el brazo derecho detrás. Nuestra cabeza mira hacia atrás.

7. Inhalamos al tiempo que nuestros brazos regresan a la altura del corazón, las palmas tocándose. Volvemos a exhalar al tiempo que giramos con las caderas y el torso en dirección contraria, a la izquierda, extendiendo los brazos en forma de cruz. La cabeza mira hacia atrás.

8. Inhalamos y regresamos a la postura inicial. El último movimiento se realiza exhalando al tiempo que elevamos los brazos hacia arriba, y trazamos un círculo con nuestros brazos hasta regresar a la posición primera, es decir, los brazos a la altura del ombligo.

9. Manteniendo esa posición realizamos una inhalación y una exhalación; así finalizamos el ejercicio, o empezamos una nueva ronda.

Este ejercicio puede hacerse de otra forma algo más enérgica, y es introduciendo este pequeño cambio: en lugar de llevar las manos al finalizar cada movimiento a la altura del corazón en forma de rezo, podemos cerrar los puños y llevarlos a ambos lados de la cadera. Las diferencias son muy apreciables. Si bien una variante nos induce un estado de calma y bienestar, la otra variante nos activa y nos ayuda a generar mayor sensación de fuerza.

Otras consideraciones

En general, es importante que prestes atención a la fuerza y flexibilidad de tus piernas y tu espalda, ya que ambas son determinantes a la hora de sentirte fuerte. Practica ejercicios que las mantengan en forma y flexibles.

El Giro y La Gran Esfera pueden combinarse con visualizaciones creativas, es decir que al hacerlos puedes utilizar tu imaginación y pensar que al girar estás eliminando todos tus problemas dejándolos ir, soltándolos, eliminando las tensiones. Puedes imaginar que eres un árbol fuertemente enraizado en la tierra y que aunque el viento sople de izquierda a derecha tú te mantienes firme en tu centro, en tu eje. Con el segundo ejercicio puedes imaginar que estás creando una esfera alrededor tuyo que actúa como un escudo protector. También puedes imaginar que al inhalar aire estás llenándote de energía y al exhalar aire estás enviando esa energía por delante de ti, por detrás, encima de ti, a los lados, en todas las direcciones. Puedes hacerlo imaginando que con cada movimiento te haces más fuerte, más seguro de ti mismo. Utiliza la imaginación y ¡diviértete!

Cuestión de salud

En general, si nos sentimos en buena forma física y estamos sanos, nuestra confianza interior se mantiene en un nivel óptimo. Aunque CQP 1.0 no es un programa dietético, sí es importante recordarte que lo que comes determina no sólo tu salud física sino también tu estado de ánimo. Por ello, te invitamos a que reduzcas al mínimo todos aquellos alimentos y bebidas que no te aportan nada a nivel alimentario y que en cambio van a llenarte el cuerpo de toxinas indeseables que harán que tu salud se deteriore, así como tu buena forma física y emocional. Comer equilibrado, evitando la comida excesivamente frita o refrita, incluyendo en tu dieta diaria, verduras, frutas, hortalizas, frutos secos, y bebiendo de 1,5 a 2 litros de agua en invierno y el doble cuando haga calor, ayudará a que en general estés en forma. ¿Qué te vamos a decir de las golosinas llenas de azúcares y edulcorantes tóxicos, las bebidas gaseosas llenas de productos químicos o la comida rápida que ya no sepas? Si te ahorras comer todo esto y eliges alimentos sanos estarás apostando por un futuro mucho mejor para ti en todos los niveles. Los placeres momentáneos que te ofrece un dulce tóxico no son comparables con la buena salud física que puedes gozar ahora mismo y cuando seas mayor.

Ya que hablamos de comida, hemos de hablar de drogas. CQP1.0 no está a favor de ninguna droga, ni siquiera de las autorizadas a los adultos, como el alcohol y el tabaco. La ciencia aún no ha descubierto todos los daños que las drogas hacen sobre el cuerpo y la mente humana porque la lista es interminable. Todo aquello que creas que la droga te ofrece en términos de felicidad y bienestar, te lo está quitando debido al daño irreparable que produce en tu cuerpo y tu mente. Todo lo que alguien busca en las drogas puede conseguirse gratuitamente sin tomarlas. Absolutamente todo. Puedes divertirte, ser feliz, estar sano, fuerte, animado, tener amigos, disfrutar de la vida, explorar el mundo, conquistar las metas que te propongas, ser amado; todo eso puedes hacerlo sin necesitar ni un solo cigarrillo, ni un solo trago, ni un solo porro, papelina, esnife, chute. Es más. Todo eso que deseas en la vida, puedes perderlo con tan sólo probar una droga, **una sola vez**. Como ves, la droga es un mal acuerdo: tienes mucho que perder y nada que ganar. Todo aquel que te proponga tomar droga es un mal amigo tuyo y de sí mismo, está atrapado en ella o quiere ganar dinero a tu costa. No lo olvides.

Aquel sábado por la tarde, Goyo alquiló la segunda película de Harry Potter, *El Prisionero de Azkabán*. Sin pensárselo mucho abrió la puerta del armario de la despensa y cogió una bolsa de patatas fritas y una bebida gaseosa. Sus padres estaban echándose la siesta y su hermana Laura jugaba en casa de los abuelos, así que aquel era uno de esos raros momentos en los que el chico disfrutaba sintiéndose el amo del salón. Se recostó sobre el sofá y clavó sus pies descalzos sobre una pila de revistas de decoración que su madre acostumbraba a dejar sobre la mesa. Luego, acordándose de los consejos de CQP 1.0, apartó de un manotazo las patatas fritas y el refresco.

Regulando el sonido con el mando a distancia para no despertar a sus padres, el chico encendió el DVD, pulsó el botón de *play* y se sumergió de lleno en la película.

Cuando llegó la escena en la que un ser fantasmagórico y temible fue neutralizado con el conjuro de *Ridikulus*, Goyo detuvo el vídeo. Se levantó de un salto del sofá y corrió a encender su ordenador e insertar el disquete de CQP. Creyó haber leído algo sobre este conjuro en alguna parte del programa diseñado por Roge, pero no estaba seguro de ello y no lograba recordar qué decía al respecto. Una vez que el CQP se desplegó en la pantalla, Goyo utilizó el buscador y tecleó la palabra *Ridikulus*. El reloj de arena del cursor le indicó que debía aguardar un poco mientras el procesador realizaba la búsqueda. Sus manos, nerviosas, juguetearon con el ratón. Por fin, la palabra en cuestión apareció en pantalla y Goyo, sintiéndose como un investigador satisfecho de su hallazgo, leyó el párrafo siguiente:

Vencer y empequeñecer nuestros miedos

Una de las lecciones que aprendí de Huangzu fue que jamás me sentiría a salvo en el mundo si antes no me enfrentaba a mi mayor miedo, porque lo primero que detectan nuestros enemigos es justamente eso: qué es lo que nos hace temblar. Ese temor se convierte en el mejor aliado de nuestro agresor, ya que con toda la energía caótica que sentimos ante una situación que nos provoca pánico, el agresor sólo necesita emplear el mínimo esfuerzo para darnos un pequeño empujoncito en la dirección correcta; así caeremos aplastados por el peso de nuestros miedos.

Tus miedos son muy rentables para tus enemigos y un mal negocio para ti. No lo olvides.

Una de las enseñanzas de Harry Potter, de suma utilidad si sabes emplearla, se encuentra en el capítulo dedicado a vencer a esa criatura fantasmagórica llamada *Boghart* mediante el hechizo denominado *Ridikulus*. Una forma de vencer aquello que nos da miedo es ridiculizándolo, es decir, viendo el aspecto cómico, humorístico, del asunto. Antes de que tu agresor descubra qué es lo que más miedo te produce, puedes pensar en ello y buscar el lado cómico de eso que tanto te atemoriza. Utiliza tu imaginación y visualízalo de forma exagerada. Si tienes miedo a una persona colócale un sombrero de pico rosa, un sujetador de flores naranja y violeta, una nariz enorme de payaso, y vuelve a mirarle interiormente y observa si sientes el mismo miedo por esa persona vestida así. Te resultará imposible hacerlo. Si lo que te da miedo es un lugar, por poner otro ejemplo, imagina que ese sitio es un plató de cine en el que se está rodando una película cómica o una película del oeste con vaqueros tan desastrosos que se caen de los caballos y se rompen los pantalones enseñando el trasero a los espectadores muertos de risa. Si visualizas varias veces y con intensidad situaciones que no te producen miedo sino risa, el lugar que tanto te atemoriza perderá su influjo mágico sobre ti. Pruébalo y verás.

Cuando Huangzu intentó ayudarme con mi mayor miedo, descubrí que mi principal temor era el más común de todos: el miedo a morir. El cocinero del *Deponia* sonrió al oírme confesar mi secreto.

–No eres muy original en eso, ¿lo sabes? El 99,99% de la humanidad tiene miedo a morir. Pero, ¿sabes qué te digo? –me preguntó Huangzu, apuntándome de pronto con uno de sus afilados cuchillos.

–¿Qué? –contesté asustado y dando un paso hacia atrás.

–¡Que estáis equivocados! ¡No tenéis miedo a morir! –gritó al tiempo que lanzó su cuchillo por encima de mi cabeza, clavándolo en una pizarra de corcho.

–¡Huangzuuuuuu! ¿Qué haces, estás loco? –grité pasando mi mano sobre la cabeza para asegurarme de que aún tenía mi cabellera intacta.

–No tenéis miedo a la muerte. Es imposible tenerle miedo. Ninguna persona viva conoce la muerte. ¿Por qué temerla entonces? Lo que tememos es a la IDEA DE LA MUERTE. Ése es nuestro problema. Tenemos miedo a la idea que nos hemos hecho de la muerte, de lo que suponemos que sentiremos al morir. Y eso, querido Roge, es sólo una idea, y las ideas puedes abrazarlas y abandonarlas sin mayor problema.

Cuando escuché aquello me quedé petrificado. No me había dado cuenta de ese matiz tan importante. De pronto todo mi rostro se iluminó y me sentí liberado de un peso enorme que me acongojaba desde niño: ¡No tenía miedo a la muerte! ¡Tan sólo tenía miedo a la idea que me había hecho de la muerte! Bastaba con modificar mi idea sobre la muerte y el miedo desaparecería.

Y así fue para mí y así será para ti. Atesora la sabiduría del *Ridikulus* y la observación de Huangzu en tu saco de soluciones mágicas, ya que ésta es una de las mejores pócimas que te ayudarán a lo largo de tu vida.

«¡Vaya! No se me había ocurrido que podría aplicar algo de una película a mi vida personal», pensó Goyo. Por un instante acarició la idea de colocar unos sombreros ridículos encima de la cabeza de Rafa y sus secuaces, y, animado por ello, empezó a visualizarles con cuerpos de cerdo, vaca y gallo, y a cada visualización fue creciendo en él una nueva seguridad y un nuevo sentimiento de libertad.

La tarde se pasó volando disfrutando del resto de la película de Harry Potter.

CAPÍTULO 5

LA TRAMPA

Apoyado por el programa y por la presencia del jardinero y su sobrina, Goyo fue transformándose. Al principio sólo fueron cambios pequeños, apenas perceptibles, pero fueron tan constantes y diarios que la pesada aura que le rodeaba señalándole como una víctima de acoso fue suavizándose, matizándose y desapareciendo lentamente. El chico fue constante en su empeño en aprender y practicar. Utilizó todos los trucos que le había enseñado Roge y los consejos prácticos de Lika. Observó su caminar, su respiración, sus emociones, y cuando el miedo le sorprendió, supo ver el lado cómico de la situación con bastantes buenos resultados. Igualmente, los ejercicios recomendados por CQP le ayudaron a incrementar su confianza interior. Su sonrisa y su espalda cada vez más recta indicaban que algo estaba transformándose sustancialmente en el interior del chico.

Rafa y su pandilla tampoco fueron ajenos a la metamorfosis de su víctima favorita. Sin saberlo, aquel miércoles, Goyo despertó la rabia más profunda de Rafa. Después de la comida, algunos chicos acostumbraban a jugar a pequeñas ligas de fútbol en el patio principal. Goyo nunca había jugado, ya que nadie le había invitado a unirse, pero ese día, sin saber bien por qué, el portero de uno de los equipos le invitó a participar:

—Eh, tú, ¿quieres jugar?, nos falta un jugador.

—¡Vale! Pero no soy muy bueno, ¿eh? —avisó Goyo.

—No importa, no es una competición. Haz lo que puedas —dijo el chico.

Preso de la emoción y de los nervios, Goyo ocupó su posición de delantero. El juego se desarrollo muy rápido, los chicos iban pasándose la pelota unos a otros hasta que por fin alguien colocó el balón a los pies de Goyo y éste, cerrando los ojos, lo golpeó con todo su ser.

«¡Goooooooooooooooooooooooooooooooooooooooool!»

Todos gritaron entusiasmados. «¡Qué golazo, tío, qué golazo…!»

El chico permaneció en silencio por unos segundos, con la pierna derecha aún en el aire, inmovilizado. Cuando por fin abrió los ojos, el mundo ya no era el mismo. Chicos y chicas aplaudían su increíble gol, gritando su nombre como si fuera un héroe. Patricia, una rubia de ojos verdes, le plantó dos besos en las mejillas y le dejó totalmente ruborizado.

—Tampoco es para tanto —dijo sonrojándose en pleno ataque de timidez.

—Eh, chaval, ¿quieres jugar mañana también? —dijo el portero.

—No sé... Sólo he marcado de casualidad, lo mismo mañana os arruino el partido —dijo Goyo.

—Bah, tonterías —dijo el chico—. Te vemos mañana.

A unos cincuenta metros de allí, Rafa, que había presenciado toda la escena sentado bajo un árbol, permanecía en silencio con la boca abierta.

—¿Qué te pasa? —preguntó David, uno de sus amigos—. Parece como si hubieras visto un fantasma.

—No me lo puedo creer, no me lo puedo creer… ¿Has visto tú a este mierda? —dijo, señalando con el dedo índice a Goyo—. No sólo ha marcado un gol este mamón sino que encima Patricia, MI Patricia, le ha plantado dos besos, ¿te lo puedes creer? A ese tío lo mato, ¡lo mato! —gritó Rafa con la boca rezumando espuma.

—*Tranqui*, tronco, que no es para tanto —dijo David, sujetándole del brazo para impedir que se abalanzara sobre Goyo—. Venga, vámonos a clase.

—Diles a Miguel y a Javi que vengan esta tarde al cobertizo. Tenemos que hablar —dijo Rafa incorporándose y sacudiendo la arena de sus vaqueros.

Los autobuses tardaban más de media hora en salir del aparca-miento escolar, lo que dejaba siempre un poco de tiempo a los chicos para jugar, charlar o simplemente caer rendidos en los asientos del autocar a la espera de que el chofer arrancara el motor.

Como casi todas las tardes en las que se iba a cocer algo importan-te, la pandilla de Rafa se reunió en el cobertizo, un lugar antaño utili-zado por los jardineros pero que se encontraba ahora semi-abandona-do, con estanterías oxidadas con restos de pintura verde y macetas de plástico llenas de tierra seca, algunos sacos de mantillo vacíos y un rastrillo con el mango roto. Allí solían reunirse los chicos para entre otras cosas fumar a escondidas de profesores y vigilantes. Aunque a lo largo de los años distintas generaciones de chicos habían utilizado aquel escondite, ahora Rafa y los suyos se habían hecho dueños y señores del lugar. Disponían incluso de un pequeño candado con el que cerraban la puerta a su antojo impidiendo a nadie descubrir sus pequeños secretos ocultos entre algunas macetas, como los paquetes de cigarrillos, mecheros, una navaja pequeña y una vieja radio que por suerte aún funcionaba, permitiéndoles sintonizar la frecuencia modu-lada, la única que les interesaba.

—Como siempre falta Javi, este imbécil siempre llega tarde, no sé cómo se las arregla —gruñó Rafa.

—Podemos comenzar sin él si te parece —dijo Miguel, el más tímido de los cuatro.

—Sí, anda, Rafa, comencemos ya que luego tenemos que correr como locos a los autobuses y la última vez yo perdí el mío y no me hizo nada de gracia —se quejó David, el pelirrojo del grupo.

—Está bien. Pero este idiota se la carga en cuanto aparezca —dijo Rafa—. Continuemos. Os he reunido porque quiero que le hagamos la vida imposible al Goyito éste. No sé si os habéis dado cuenta pero cada día está más gallito. Ahora se ha puesto a jugar al fútbol y para colmo marcando goles, como si fuera Ronaldo. No le soporto. Quie-ro que le agobiéis al máximo en clase y fuera de ella. Además, ya os contaré un plan que tengo para dejarle tocado y hundido. Cuento con vosotros para llevarlo a cabo, ¿de acuerdo?

—Vale, vale —dijeron Miguel y David al unísono.

—Voy a buscar cualquier pretexto para pegarme con él y quiero que estéis presentes, apoyándome cuando suceda —añadió Rafa—. Este cabrón me las va a pagar. Si se cree que va a quedarse con Patricia, lo tiene claro. Se las tendrá que ver conmigo.

—Pero si Patricia pasa de tíos, nunca se acerca a ninguno —le interrumpió David.

El jefe de la panda se giró hacia él y le arreó un manotazo sobre la cabeza.

—¡Imbécil, a mí no me contradigas ni me interrumpas!

—Ay, vale, vale… —gimió el chico, llevándose las manos a la cabeza para evitar otro golpe.

—Venga, deja de taparte la cabeza como un mariquita y enciéndeme un pito —dijo Rafa—. Vamos a fumárnoslo y nos marchamos.

Los tres chicos cogieron el cigarrillo, sin duda robado del bolso de alguna de sus madres, y lo encendieron. Llevaban poco tiempo fumando y el ritual del encendido no les gustaba mucho. Todavía les hacía toser y carraspear, pero se esforzaban en inhalar el tabaco con hombría para que nadie pensara que no eran capaces de hacerlo. Más de uno deseaba en secreto que Rafa se olvidara de los cigarrillos, pero el chico parecía empeñado en convertir el pitillo en uno más de la pandilla, en un amigo fiel al que recurrir y tras el cual ocultarse en caso de necesidad. Los chicos ignoraban entonces que al iniciar aquella práctica estaban sentenciando su salud a una muerte lenta pero segura, y a un deterioro gradual no sólo de su cuerpo sino, peor aún, de su mente y su espíritu.

Cinco ó seis caladas más tarde, los chicos miraron el reloj y apagaron el cigarrillo precipitadamente. Recogieron sus mochilas y cerraron el cobertizo con el candado. Corrieron en dirección norte, hacia los autobuses.

Sólo entonces, cuando el silencio volvió a posarse sobre aquel lugar y la quietud advirtió que no había nadie allí, una sombra hasta entonces oculta surgió detrás de un matorral junto al cobertizo. Un aparato hizo clic y pudo escucharse el sonido de un rebobinado de cinta. Aquella desconocida figura se alejó a rápidos pasos.

El final de mayo no era un buen momento para las distracciones y Goyo tuvo que hincar el codo más que de costumbre. Sus notas habían bajado considerablemente desde que había sido víctima de los constantes acosos de Rafa y los suyos. Ahora le tocaba invertir la espiral descendente de los suspensos y remontar el curso entero si quería aprobar todas las asignaturas en junio. Así que por unos días dejó de lado el disquete con CQP 1.0 y se centró de lleno en preparar sus exámenes.

En el colegio solía cruzarse con Lika y Roge por pasillos y jardines, y aunque deseaba con ardor volver a compartir con ellos los mágicos momentos que vivió aquel sábado en el polideportivo, no pudo sino contener sus ganas. Lika también andaba desbordada y Roge se mantuvo cautelosamente silencioso para no distraer a los chicos en su esfuerzo escolar. Aun así, Goyo se sentía tan bien con los pequeños cambios operados en su vida, sus relaciones con los demás chicos del colegio habían mejorado tanto en las últimas semanas, que se sentía entusiasmado y con más ganas aún de continuar leyendo y practicando con CQP. En una ocasión en la que se cruzó con Roge, Goyo se aproximó a él dando brincos de alegría y le dijo:

—¡Roge, Roge, lo tengo decidido! Quiero ser el mejor maestro de artes marciales del mundo, ¡como Huangzu! —dijo, al tiempo que hacía unas cuantas posturas de karateca.

—¿Por qué querrías ser precisamente el *mejor* maestro de artes marciales? —dijo Roge.

—¡Así nadie podrá conmigo! —dijo el chico entusiasmado.

Roge miró al chico con una sonrisa bondadosa y, agarrándole suavemente por el hombro, le dijo:

—Goyo, puedes ser todo lo que quieras en esta vida, pero no necesitas ser el mejor maestro de artes marciales del mundo. Huangzu me enseñó con su sencillez y humildad que no necesitas ser el mejor cocinero del océano para hacer una gran comida. No caigas en esa trampa de necesitar ser el mejor para sentirte satisfecho o feliz contigo mismo, porque entonces tu felicidad estará basada en que no surja otra persona mejor que tú. ¿Recuerdas los cabreos que se cogía la madrastra de Blancanieves al mirarse al espejo y ver que siempre había alguien mejor que ella? Lo importante en esta vida no es ser el mejor, ni siquiera lo que haces, sino cómo haces las cosas. Cualquier profesión es tremendamente digna o miserablemente ruin dependiendo de cómo la desempeñes, de tu grado de conciencia, del amor con el que haces las cosas.

—Pero Roge, si me hago maestro en artes marciales, ¡nadie podrá conmigo! –insistió Goyo.

—Goyo. Eso que ves en las artes marciales y que crees que te dará la fuerza necesaria para que nadie pueda contigo, se encuentra en todas partes y en ninguna. En una flor, en un libro, en una profesión, en boca de un amigo. Eso que realmente buscas queriendo ser maestro de artes marciales, es simplemente la sabiduría capaz de mostrarte cómo conectar con tu verdadero ser. Me contaste hace poco que habías visto la película de Harry Potter. ¿Acaso no hay sabiduría en ese cuento si eres capaz de abrir los ojos y mirar? ¿Acaso no hay sabiduría en las mil y una situaciones que nos ofrece la vida, si tenemos los ojos abiertos para observar, comprender y aprender de ello? –le preguntó el jardinero.

—Sí...Supongo que sí –dijo Goyo, cada vez más pensativo–. Aun así, insisto: ¡Quiero ser maestro de artes marciales! –gritó eufórico antes de escabullirse del jardinero.

—Está bien –dijo Roge riendo–. ¡Me rindo! Quizás seas un buen maestro de artes marciales al fin y al cabo… ¿Por qué no?

Los vestuarios de chicos y chicas solían permanecer abiertos durante las horas previstas para la gimnasia. No eran instalaciones muy modernas, así que ningún alumno disponía de cajetines individuales donde dejar sus mochilas. Aquella tarde, mientras un grupo de alumnas jugaba un partido de balonmano ante la mirada experta de la profesora de gimnasia, una antigua campeona de este deporte olímpico, dos siluetas se deslizaron en el interior del vestuario de chicas.

—¿Sabes qué mochila es? –preguntó Javi mientras rebuscaba entre la pila de bolsas de deporte y carteras escolares que se amontonaba en una esquina de la sala–. Para mí que es una rosa con rayas azules.

—Espera, a ver si es ésta –dijo Miguel, rescatando una mochila que coincidía con la descripción de Javi–. Sí. Pone su nombre: Patricia Torres.

—Vale. Venga, ábrela. Coge su monedero, date prisa —Javi corría ya hacia la puerta para vigilar que nadie les sorprendiera en aquel lugar.

Miguel cogió un monedero rosa y turquesa con un dibujo de un oso y se lo guardó en el bolsillo del vaquero. «¿Cómo pueden ser tan cursis las tías?», pensó. Cerró la mochila y procuró dejarla donde la había encontrado, bajo la pila de carteras y mochilas de otras chicas. Ambos salieron precipitadamente del lugar sin ser vistos. No se detuvieron hasta llegar al edificio principal del colegio, a unos cuatrocientos metros de las instalaciones deportivas. Subieron las escaleras hasta la tercera y última planta y abrieron la puerta trasera de la sala donde en aquel momento tenían clase de ciencias naturales. Entraron a gatas para no ser vistos por nadie.

La profesora, una mujer ya mayor con problemas de visión, escribía en el encerado con sus gafas a punto de resbalar por la nariz. Cuando se dio la vuelta frotando sus manos para desprenderse así del polvo de la tiza, sus ojos se posaron sobre Javi y Miguel, quienes estaban sentados con la espalda erguida, inusualmente atentos a sus explicaciones. La profesora sonrió satisfecha y prosiguió la clase. Los chicos suspiraron aliviados.

Minutos después, cuando recuperaron el aliento, Javier pasó a Rafa por debajo de la mesa el monedero. Éste se lo guardó en el bolsillo y esperó pacientemente el fin de la clase con una sonrisa de satisfacción.

Tras las lecciones de ciencias naturales, vinieron las de matemáticas, que se celebraban en el mismo lugar, así que los chicos acostumbraban a salir unos minutos al descansillo a la espera de la llegada del profesor. Aquel era el momento idóneo para que Rafa culminara su plan.

—Si Goyo no sale al pasillo en el descanso, inventaos cualquier pretexto para que salga por narices —susurró Rafa al oído de Javi, su cómplice más obediente.

La campana sonó y todos los alumnos se precipitaron fuera para aprovechar al máximo esos minutos libres. Goyo miró por la ventana perdiéndose en el paisaje de árboles y chales adosados. No le apetecía salir.

—¡Goyo! Hay una chica aquí fuera que pregunta por ti —gritó Javi, asomando la cabeza por la puerta de la clase.

El chico despertó de su ensoñación, se levantó y se dirigió hacia el descansillo pensando encontrarse o bien con Lika o con su amiga Marta. No había ninguna chica esperándole, y cuando se dio la vuelta para buscar a Javi con la mirada, no le encontró por ningún lado. Encogiéndose de hombros, regresó a su asiento. Su mochila estaba abierta y yacía unos centímetros más lejos del lugar donde la había dejado, aunque él no se percató.

Todo se desarrollaba según las maquinaciones de Rafa. Su plan estaba a punto de cumplirse con éxito.

La campana sonó por fin y el griterío del pasillo se trasladó al interior de la clase. Como el profesor, de los más jóvenes del colegio, solía tardar lo suyo en aparecer, la algarabía fue en aumento.

Las matemáticas suenan a chino para alguien que no las entiende mucho. Son como un lenguaje cifrado del que desgraciadamente no dispones de la llave maestra. Aunque el profesor intenta por todos los medios facilitártela, tú permaneces ahí, embobado, incapaz de captarlo. Goyo era uno de esos alumnos que por más que intentaba no terminaba de desvelar el misterio del gran baile de números. Armándose una vez más de valor, aquella tarde hizo todo lo posible por entender al profesor y a las escurridizas cifras. El único número que no le abandonaba, al menos en las clases de matemáticas, era el cero, supuestamente originado en las culturas hindú y maya, y transmitido a Occidente por los árabes, un número con el que solían estampar el resultado de sus exámenes, ya fueran éstos de álgebra o de geometría.

Ajenos a este problema escolar de Goyo, cuando terminó la clase, Rafa, Javi y Miguel siguieron a una distancia prudente a su víctima. No podían perderle de vista si querían que su plan funcionara. Una vez en el patio, antes de que Goyo girase en dirección al parking para coger el autobús número 32 que le llevaba directo a su casa en el barrio del Pilar, Javi se deslizó detrás de él y se acurrucó en el suelo sin ser visto. En ese mismo instante, Rafa salió por detrás de una de las columnas de hormigón que soporta la primera planta del colegio cortándole el paso:

—Ehh, ¿a dónde vas, mariquita? —le espetó, mientras escrutaba el patio en busca de alguien. Cuando por fin sus ojos se posaron sobre

Patricia y su pandilla de amigas, que salían corriendo del edificio, el chico continuó con su orquestado plan:

—¿Habéis visto todos? Goyito es el nuevo héroe el colegio. Está gordo y encima marca goles, ¡se creerá que es Ronaldo y todo! —Rafa alzaba la voz para ser oído por los alumnos que salían de sus clases e iban llegando al patio.

El jefe de la panda sólo necesitó un pequeño empujón para que Goyo cayera al suelo de culo, pasando por encima del cuerpo de Javi, estratégicamente posicionado detrás de él para impedirle recuperar el equilibrio tras el empujón.

La mochila del chico se abrió en aquel momento y un par de libros y cuadernos se deslizaron hacia afuera.

—Pero mirad qué tenemos aquí... Goyito y su mochilita... Veamos qué es lo que lleva en ella nuestro nuevo héroe escolar —Rafa se envalentonaba cada vez más al ver que un corro de chicos y chicas se formaba a su alrededor, observando expectantes aquella escena.

Goyo, por su parte permanecía inmóvil en el suelo, sorprendido por el inesperado ataque de Rafa. Tenía la mente totalmente en blanco, la respiración cortada sin saber qué decir ni qué hacer. CQP se había esfumado y no era ya ni un remoto recuerdo al que recurrir en busca de ayuda.

Guiada quizás por la intuición de que algo iba a suceder, Patricia empujó a unos chicos haciéndose paso hasta llegar a la primera fila de espectadores.

Rafa, observando que todo se desarrollaba tal y como había planeado, prosiguió.

—Y mirad qué tenemos aquí, unos cachos de pan. ¿Acaso no comes bien en el comedor que encima necesitas refuerzos? ¿Qué pasa? ¿Mamá no te da suficiente comida en casa o es que te tienen a dieta, gordo seboso?

—Déjalo ya, Rafa —dijo entonces un chico más mayor que él.

—¿Que lo deje ya? —dijo Rafa con un ligero temblor de voz. En aquel momento se hizo un silencio en el lugar. Todas las miradas se dirigieron al agresor a la espera del desenlace de aquella situación cada vez más tensa. El chico se mantuvo callado, buscando quizá la forma de continuar con su plan. Por fin, habló:

—Está bien. Goyo, toma tu mochila —dijo Rafa en tono conciliador, lanzando la bolsa a los pies del chico. La mochila voló de tal forma que el resto de su contenido se esparció por el suelo totalmente. Entre los cuadernos, libros, trozos de pan, lápices y reglas, apareció también un monedero rosa.

—Joder, con razón le he estado llamando mariquita ¡Mirad qué lleva Goyo escondido en la mochila: un monedero rosa! —gritó Rafa en tono triunfante.

—¡Ay va! Patricia... ¿no es ése tu monedero? —exclamó de pronto Mónica, una compañera de la chica, señalándolo con su dedo índice.

Un silencio angustiante se apoderó en aquel momento del patio. Patricia se abrió paso hasta llegar al lugar donde estaban esparcidas todas las cosas de Goyo y se agachó para coger el monedero. Como si aún no se lo creyera, lo abrió e inspeccionó su contenido. Los demás chicos y chicas la miraron esperando que emitiera su veredicto.

—Es mío —susurró por fin. Después, girándose hacia Goyo, que aún yacía en el suelo, le preguntó—: ¿Por qué...? ¿Qué necesidad tenías de robarme?

Goyo guardó uno de los silencios más incómodos de su vida. Si por dentro un torbellino de emociones comenzó a aflorar, por fuera fue incapaz de verbalizar ni una sola frase en su defensa. Nada. El miedo, los nervios y el ataque sorpresa le dejaron sin habla ni capacidad de reaccionar. Ni tan siquiera hizo ademán de levantarse del suelo para así no tener que acortar la distancia que le separaba de su agresor. Agachó la cabeza y clavó los ojos en el suelo, sentenciando así su aparente culpabilidad.

—¿Veis? He aquí a nuestro héroe: Goyo Martínez, máximo goleador, mariquita y ladrón —sentenció Rafa, asestando al pobre chico la estocada final.

Goyo permaneció en el suelo totalmente abatido, incapaz de pronunciar palabra.

—Venga, vámonos, Patricia, este tío no se merece ni un segundo de tu tiempo —dijo Mónica agarrando a su amiga del brazo y alejándose del lugar. Patricia miró a Rafa agradeciéndole con una breve sonrisa el haber descubierto y resuelto felizmente el robo del monedero. Aun así, se marchó con el corazón encogido y decepcionada.

–¿Qué sucede aquí? –preguntó entonces un profesor ajeno a cuanto allí había ocurrido.

–Nada –dijo Rafa alejándose rápidamente y seguido por sus amigos mientras el resto de alumnos se dispersaba, dejando a Goyo en el suelo, totalmente desamparado y sin saber qué hacer.

–¿Te has caído, hijo? –dijo entonces el maestro, ayudándole a incorporarse.

–Sí. He resbalado. Muchas gracias –gimió Goyo, recogiendo sus cosas e intentando ocultar su rostro enrojecido por la vergüenza, las primeras lágrimas que comenzaban ya a deslizarse por sus mejillas.

El joven apenas recordaría lo que sucedió después. Su mente se quedó bloqueada, atrapada en un túnel oscuro. Tan sólo alcanzaba a observar los detalles mínimos necesarios para localizar el número de autobús, subirse a él y no perderse su parada. Por lo demás, el chico se había hundido en lo más profundo de su ser en un pozo oscuro del que, por ahora, no alcanzaba a ver la salida.

Cuando llegó a casa no tuvo que mentir mucho para poder meterse en la cama. Tenía fiebre y era obvio. Su madre no necesitó de un termómetro para confirmarlo.

Tres días y tres noches permaneció el joven tiritando en la cama sin apenas pronunciar palabra ni probar bocado. El médico de cabecera sólo pudo decretar que quizá se tratase de una gripe primaveral que había afectado al chico con mayor virulencia que a otras personas, y le recomendó guardar reposo y cama durante unos días.

No había luz, no había salida. De pronto, como uno de esos vientos que se levantan sin avisar y arrastran todo a su paso, Goyo se vio inmerso en la más oscura y amarga soledad. Quien ha estado ahí y aún recuerda con escalofríos el triste sabor de aquella cárcel interior sabe muy bien a lo que nos referimos.

CAPÍTULO 6

SALIR DE LA TRAMPA

La ausencia de Goyo en el colegio se hizo notar. Roge presintió que algo no marchaba bien y pidió a su sobrina que preguntara entre los alumnos de la clase del joven los motivos de su ausencia. Al descubrir lo ocurrido, la chica se apresuró a contárselo a su tío.

–¿Crees que puede ser verdad que Goyo haya robado un monedero? –le preguntó Lika extrañada.

–Por lo que me cuentas, los chicos que descubrieron el robo son los mismos que acosan habitualmente a Goyo... ¿Crees en este tipo de coincidencias, sobrina?

–No –contestó–. Pero, ¿qué podemos hacer?

–Creo que sería bueno que le visitaras en su casa y charlases con él. Es un buen momento para que compartas tu propia historia con Goyo. Dale un abrazo de mi parte y cuéntame luego cómo fue tu visita –dijo Roge, que ya terminaba de recortar los cipreses de la entrada del colegio.

Lika observó cómo su tío se alejaba del lugar visiblemente preocupado. Pocas veces le había visto con ese gesto tan grave en el rostro.

La joven no tardó en encontrar el teléfono del chico y, tras hablar con su madre, obtuvo su dirección para ir a visitarle. El jueves por la tarde, cuando el enfermo llevaba ya tres días en cama, Lika llamó a su puerta.

–Está en su dormitorio, pero te advierto que no tiene ganas de hablar con nadie –dijo la madre de Goyo mientras pelaba unas patatas–. Su habitación es la última del pasillo, junto al cuarto de baño, la

— 89 —

que tiene un póster de El Señor de los Anillos en la puerta. Por cierto, ¿no eres demasiado mayor para estar en la clase de mi hijo? –preguntó la mujer, mirando a la joven de arriba a abajo.

–No estoy en su clase, señora. Somos compañeros del colegio, nada más –dijo Lika adentrándose en la casa de su nuevo amigo con total familiaridad y desenvoltura.

Goyo estaba inmóvil, tumbado en su cama, mirando hacia la pared. No se giró al escuchar cómo la puerta chirrió al abrirse.

Observando el desorden que reinaba la habitación, Lika se abrió paso empujando con el pie algunas camisetas amontonadas en el suelo y se sentó con las piernas cruzadas junto a la cama de Goyo.

–Date la vuelta y mírame a los ojos –dijo ella.

–No quiero hablar, no me encuentro bien –respondió él.

–Vamos, Goyo, date la vuelta, tengo que hablar contigo.

Resignado ante la insistencia de Lika, Goyo se giró lentamente hacia ella aunque siguió acurrucado con la cabeza apoyada en la almohada, sin mirarla. El gesto en su cara denotaba que estaba totalmente hundido y abatido, sin fuerzas.

–Dime que fuiste tú quien robó ese monedero –dijo Lika.

El chico permaneció callado.

–¿Ese silencio significa que sí? –preguntó ella, sorprendida ante la pasividad del muchacho.

–Significa que diga lo que diga, haga lo que haga, alguien ha decidido que yo he robado ese monedero y no entiendo ni el porqué ni el cómo ni nada.

–Entonces, ¿tú no robaste ese monedero…? –volvió a preguntar ella.

–¿De verdad crees que fui yo? –preguntó Goyo, mirando a la chica por primera vez.

–No se trata de lo que yo crea, Goyo. ¿Qué crees tú?

–Yo sé que no fui yo. Pero eso, al parecer, no sirve de nada. El mundo entero piensa que yo lo robé porque no supe defenderme, y ahora pensarán que mi silencio es la prueba de mi culpabilidad –sollozó el chico.

Lika guardó silencio. Por lo menos había arrancado unas palabras a Goyo y ahora estaba claro que él no había robado aquel monedero. El chico se incorporó en la cama y cruzó las piernas imitando la postura de la chica. Se frotó angustiado la cabeza y luego miró a la joven con lágrimas en los ojos.

—¿Por qué yo, por qué yo? ¿Qué he hecho yo? ¿Quieres decirme qué narices he hecho yo para ser atacado así? ¿Por qué, por qué, por qué? —exclamó.

Lika se incorporó y abrazó a Goyo con todas sus fuerzas mientras el chico rompía a llorar desconsoladamente.

Con el cuerpo pegado a la puerta del dormitorio de su hijo, una madre descubrió entonces con angustia que algo terrible estaba ocurriendo a su hijo y, peor aún, que éste se lo había ocultado prefiriendo sufrir en silencio antes que confiar en ella. Permaneció ahí agazapada y sin aliento, intentando no perder palabra de cuanto allí se decía, sumida en un torbellino emocional.

Cuando las lágrimas de Goyo se fueron secando, Lika hizo acopio de todas sus fuerzas y prosiguió:

—Yo también me pregunté por qué aquellas chicas me escogieron precisamente a mí para agredirme durante todo el curso pasado. No encontré una respuesta porque, como comprendí más tarde, ésa no era la pregunta correcta.

Goyo miró a Lika sorprendido y preguntó:

—¿Cuál es entonces la pregunta correcta?

—La pregunta correcta es: ¿por qué ciertas personas escogen el peor camino de todos para recibir la atención de los demás y sentir así una falsa sensación de poder?

Goyo se quedó sorprendido sin saber qué decir ante aquella pregunta.

Por primera vez desde que se había ocultado bajo las sábanas y bajo el pretexto de una fiebre primaveral, el chico se dio cuenta de que si modificaba su forma de ver la situación, se abría ante sí un nuevo horizonte de posibilidades. De pronto, el pozo oscuro en el que se encontraba comenzó a iluminarse con una nueva luz.

—¿Me estás diciendo que el problema no está en mí sino en ellos? —aventuró, visiblemente más animado.

—¡Pues claro, Goyo!

Una nube de pensamientos oscuros volvió a cernirse sobre el chico y su rostro volvió a recuperar su semblante abatido:

—No supe utilizar todo lo que he aprendido en CQP, Lika. No me sirvió de nada. Me atacaron, caí al suelo, me insultaron, no dije nada, me acusaron de robar, no me defendí. Fue horrible. Me sentí fatal, sin palabras, sin saber cómo reaccionar y salir de aquella situación. Me comporté como un cobarde, como un mierda... Como... ¡una niña! —soltó de pronto, desahogándose por fin.

—No digas eso, Goyo; tú no eres un cobarde ni las «niñas» tampoco. Simplemente te han escogido para tenderte una trampa, y la vida está llena de situaciones así que afectan a muchas personas sin que por ello hayan hecho nada para merecerlo.

—Que esto mismo suceda a otras personas no es un consuelo para mí —dijo el chico.

—Es cierto, no es un consuelo, pero es un alivio sentir que no eres el único que ha pasado por ello. Yo misma he sufrido lo indecible con esas chicas que me acosaron, y mírame ahora. Me siento fenomenal, estoy más fuerte que nunca y he crecido un montón gracias a esa experiencia. No se la deseo a nadie, pero puesto que la viví, he podido aprender de ella y ahora tengo una fuerza que no tenía antes.

Goyo miró a Lika de arriba abajo. A decir verdad, la chica siempre le había infundido un gran respeto. Había algo en ella que admiraba secretamente, una fuerza interior que se reflejaba en todos sus gestos y sus palabras, un «algo» casi mágico que hacía que Lika destacase sobre las demás chicas e infundiera confianza y serenidad. ¿Una mayor madurez o profundidad?, pensó el chico en alguna ocasión. ¿Quizás fue obra de CQP? ¿Tal vez se debía a la influencia de Roge y su aventurera vida?

—¿Cómo superaste aquellas agresiones, Lika? —preguntó el chico.

Ella miró por la ventana durante unos instantes, buscando quizás el mejor modo de expresarse. Por fin se volvió hacia él y respiró hondo antes de contestarle.

—Al igual que tú, también me vine abajo. Esas chicas se metían permanentemente conmigo, insultándome a todas horas. En alguna ocasión me acorralaron y entre cuatro de ellas me zurraron. Yo me defendí como pude, acostumbrada a patalear contra mis hermanos en casa, pero eso no alivió las cosas sino que las empeoró. Desde entonces no se atrevieron a pegarme más pero sí me atosigaron a insultos, persiguiéndome por todas partes sin dejarme ni un momento de respiro. Cuando ya pensaba que les había dado esquinazo, allí aparecían de pronto con comentarios hirientes, acomplejándome más y más. Era agobiante y yo no sabía que hacer. Fui hundiéndome cada día un poquito más hasta que dejé de ver las cosas con claridad. Me sometieron a una auténtica tortura psicológica. Me creí totalmente aquellos insultos que me lanzaban como si aquellas palabras hirientes fueran mi seña de identidad. Si ellas se metían con mis granos o mi aspecto físico, yo recibía aquellas palabras como dardos envenenados que se clavaban inexorablemente sobre mí, marcándome para siempre. Me fui aislando, retrocediendo en mi interior. Nunca he tenido problemas en relacionarme con los chicos por haberme criado con cuatro hermanos mayores que yo, pero esas chicas consiguieron que me avergonzara de mi cuerpo, de mi cara, de todo mi ser... ¿Sabes? Casi caigo en la anorexia...

—Joer, qué duro, Lika, lo siento mucho —dijo Goyo entonces—. ¿Cómo lograste salir de aquello?

—La primera parte fue la más difícil de todas —dijo ella, sumiéndose en un mar de recuerdos.

—¿Cuál fue esa?

—La misma en la que estás tú ahora. Verás, esto que te ha ocurrido es una trampa y del mismo modo que puedes entrar en una situación así, puedes salir de ella. Ése es el primer paso que has de entender. Normalmente, cuando algo nos sucede de forma traumática, tenemos tendencia a quedarnos atrapados en esa situación sin ser capaces de salir de ella. Ésa es la primera fase y ahí te encuentras tú. Tienes que encontrar el modo de salir de ahí.

—¿Y cómo puedo hacerlo? —preguntó el chico, cada vez más intrigado.

— Para empezar, cambiando tu forma de ver la situación y tu posición en ella.

—No te entiendo —dijo él.

—A ver si me explico mejor —dijo Lika—. En estos momentos no está en tus manos cambiar al agresor, pero sí está en tus manos modificar tu percepción de la agresión y de cuál es tu papel en esa situación.

—¿Y de qué me sirve eso? —Goyo le escuchaba algo incrédulo.

—Pues te sirve de mucho. Te sirve para dejar de estar atrapado en la trampa de tus agresores y «reposicionarte». ¿Te parece poco? —dijo ella.

—¿Y cómo hago eso? —insistió él, visiblemente confuso.

—Puedes utilizar lo que te sucedió el otro día como una oportunidad única para liberarte realmente de las agresiones a las que te has visto sometido. Has estado leyendo CQP y sí: de un modo teórico resulta muy fácil comprender las cosas, pero a veces la realidad se presenta de una forma muy distinta y sobre todo repentina, sorprendiéndonos, envolviéndonos en sus telarañas, cegándonos. Voy a intentar explicarme mejor aunque no sé si lo lograré. Sé paciente conmigo, ¿vale?

—Vale.

—Imagínate que tus agresores juegan a un juego de guerra en su vídeo–consola. Ellos deciden quiénes serán los protagonistas del juego. Ellos deciden ser los personajes X de la contienda armada y también deciden que tú eres el personaje Y, y por lo tanto eres el enemigo a abatir. Sin contar contigo para nada, ellos diseñan todo el juego, la trama, las armas que tendrán, las que tendrás tú, dónde se desarrollará la batalla, cómo, cuándo y quién va a morir y a perder. Por decirlo de una forma más clara: ellos se lo guisan y se lo comen todo. Eso mismo te sucedió el otro día cuando te atacaron y te acusaron de robar. Sólo ha sido un juego de realidad virtual pero, ¿eres capaz de ver cómo ese juego aparentemente irreal que sólo existe en la mente del agresor ha pasado a formar parte de tu realidad y te has quedado atrapado en él? —preguntó entonces Lika.

—¡Ostras! —exclamó Goyo—. ¿Me estás queriendo decir que los ataques son como entrar en *Matrix*, es decir, entrar en una realidad falsa creada por unas personas para someter a otras?

—¡Exacto! ¡Exacto! —gritó Lika entusiasmada—. ¡Lo has entendido!

—¡Guau! —Goyo se frotaba los ojos y la cabeza, entusiasmado ante su hallazgo—. Entonces, mi error fue creer que yo era el personaje Y, e identificarme con él, ¿verdad?

—¡Justo! Sólo necesitas sacudir de tu espalda el peso de ese rol que te están queriendo imponer. Aunque resulte difícil de entender, son los agresores quienes tienen problemas internos y están jugando una partida contra ellos mismos. Se creen que nos están atacando a nosotros, pero en el fondo están repitiendo patrones que han aprendido en otros ambientes, quizá en sus propias familias o el entorno más próximo. Sus agresiones son diseños mentales como realidades virtuales que pretenden implantarnos a nosotros para que nos las creamos y vivamos dentro de ellas, pero son sólo construcciones mentales que tienen en sus mentes y a lo sumo logran convencer a sus cómplices para que sostengan esas realidades prestándoles atención. Nosotros estamos totalmente fuera de esa trampa mental, pero si nos creemos al *bully* y nos identificamos con el rol que él nos quiere asignar, es decir, el rol de víctima que va a perder en una contienda o el rol de ladrón de un monedero, entonces entramos en la misma trampa diseñada por el *bully* y que le mantiene a él también atrapado. La solución es pues no identificarnos con esa trampa ni con el rol que nos quieren atribuir, y si caemos temporalmente y nos sentimos atrapados, hemos de tomar conciencia de ello y *reposicionarnos* fuera de la partida, fuera del *Matrix*, por así decirlo. ¿Me entiendes? –inquirió la chica.

–Uff, qué fuerte lo que me estás contando, Lika... Me mareo con sólo pensarlo –dijo Goyo–. Nunca había visto los videojuegos de esta forma.

–Lo sé. Es que si logras entenderlo, tu mente se abre de par en par y de pronto empiezas a sentir qué fácil es liberarse de esas trampas mentales. Otra cosa que tienes que entender es que el *bully* no te está intentando agredir a ti, precisamente a ti por ser Goyo Martínez. La cosa no tiene nada que ver contigo, por lo que nunca te tomes una agresión como algo personal. El agresor está atrapado repitiendo patrones de comportamiento de los que no se puede liberar. Él es el que está encarcelado, no tú. Y lo peor es que, por elegir este modo de obrar, el *bully* se está condenando a vivir en una eterna mentira y una permanente tensión, rodeado de personas que o bien le temen o bien sienten pena por él. Mantener esa condición de agresor victorioso se come gran parte de su energía, y al final se dará cuenta de que todos esos esfuerzos no le han llevado a ningún sitio, nada más que a destruir su propia vida.

–Uff –suspiró Goyo.

–¿Te sientes mejor ahora?

—No te lo vas a creer, pero lo cierto es que sí, me has quitado un peso de encima.

—¿Dónde sentías ese peso?

Goyo permaneció callado unos instantes mientras cobraba conciencia de su cuerpo. Intentó localizar en qué partes detectaba aquella tensión.

—En el corazón, la espalda y el estómago —dijo por fin.

—Cuando sientas tensión en el cuerpo, localízala en una zona en concreto y lleva tu atención ahí mismo. Utiliza la respiración para calmar esa zona. Cada vez que inhales siente cómo el área donde se concentra la tensión se relaja cada vez más, y cómo esa misma tensión se desvanece cuando exhalas. Puedes acompañar tu respiración con pensamientos como «Me relajo», al inhalar, o «Libero la tensión», al exhalar. Ya verás, da muy buenos resultados —dijo la chica.

Goyo permaneció unos minutos respirando de esa forma hasta que dos profundos suspiros indicaron que estaba consiguiendo relajarse.

—Aún así, dime una cosa, Lika. Aunque yo sepa todo esto de las trampas mentales, ¿cómo voy a resolver una situación como la que he vivido?

—Date tiempo, no quieras conocer todas las respuestas de golpe. Bastante has descubierto hoy, ¿no crees? Saber que puedes salir de una trampa simplemente eligiendo no entrar en ella te permite abordar las situaciones de un modo totalmente nuevo. De pronto ya no te ves forzado a ser una víctima, sino que eres testigo de cómo un agresor intenta tender su trampa, y sobre todo de cómo él cae víctima de sus propias maquinaciones.

—Sí, pero, ¿lograré acordarme de todo esto cuando me ataquen de nuevo? —preguntó el chico.

—No te acordaste el otro día de todo lo que leíste en CQP porque todo esto es aún muy nuevo para ti. Necesitas entrenar tus neuronas como los karatecas o boxeadores entrenan sus músculos y les enseñan a realizar movimientos nuevos.

—Pero aunque yo sepa que todo es un juego mental de los agresores, ¿qué pasa con los demás? La gente pensó que yo había robado ese monedero, luego la trampa de Rafa funcionó. Les engañó a todos, y yo no pude hacer nada para evitarlo —Goyo se angustiaba de nuevo.

–¿Te preocupa mucho lo que piensen los demás? –preguntó de pronto la chica–... Ésa es la parte más delicada de todo esto y, si logras superarlo, habrás ganado una de las batallas más importantes en todo este asunto.

–No soporto que me culpen de algo que no he hecho. Me hierve la sangre de rabia, y me angustia tanto que, o bien me vuelvo loco y totalmente violento, o bien me quedo callado, incapaz de reaccionar, como sucedió el otro día –dijo el chico.

–Te comprendo. A mí también me pasa eso, no creas –repuso Lika–. Nos vamos fácilmente de un extremo a otro. Mi madre siempre repite un refrán para estas cosas: «El tiempo siempre coloca a todo el mundo en su sitio».

–Sí, es cierto, pero mientras tanto te llevas toda la mierda tú, ¡y eso no es justo! –exclamó.

–Ya. Cuando le digo eso, mi madre siempre me contesta que «nadie dijo que la vida fuera fácil»... Bueno, tengo que marcharme ya. Volveré mañana a visitarte, si quieres. ¿Por qué no sigues leyendo CQP durante tu convalecencia? Quizás te ayude a fortalecer tu nueva visión de las cosas.

–Gracias por haber venido, Lika. Me siento mucho mejor –le dijo Goyo abrazándola.

–Me alegro, chaval. Nos vemos mañana –se despidió ella, saliendo de su dormitorio.

Goyo permaneció en la cama mirando hacia la puerta con una sonrisa en la boca. De pronto el olor de sus camisetas y calcetines sucios le hizo recordar que su habitación llevaba días sin ser ventilada y decidió poner un poco de orden, subir la persiana y abrir la ventana.

Una vez en el pasillo, Lika buscó a la madre de Goyo para despedirse de ella. La encontró sentada en un taburete en la cocina, mordiéndose las uñas compulsivamente. Las dos mujeres se miraron en silencio transmitiéndose quizás, así, un sinfín de emociones, de preguntas y respuestas.

–Goyo está bien. Le atacaron en el colegio y le culparon de algo que no hizo –explicó la chica–. Ningún profesor lo sabe y la cosa no ha ido a más, pero es bueno que usted lo sepa, quizás quiera tomar cartas en el asunto.

—¿Sabes si es la primera vez que le sucede? —preguntó entonces la madre de Goyo.

—Creo que es mejor que hable usted con su hijo —contestó Lika.

—Eso haré. No puedes ni imaginarte el dolor que siente una madre al saber que su hijo está sufriendo en silencio sin compartir su dolor contigo. Gracias por haberle ayudado esta tarde —dijo Mercedes, acompañando a la joven a la puerta.

—Adiós, señora.

—Adiós, hija.

CAPÍTULO 7

El secreto de *No-Dos*

Goyo observó su barriga cubierta por el edredón. Aquel promontorio redondeado subía y bajaba al ritmo apacible de su respiración. Era un placer estar en la cama un viernes por la mañana saltándose las clases de Inglés, Historia y Matemáticas, sus pies así lo demostraban moviéndose alegres de izquierda a derecha. Su madre, especialmente cariñosa y comprensiva, le había traído un buen desayuno en una bandeja, así que Goyo, como un Maharajá, comió y bebió en la cama.

A eso de las diez, el recuerdo de todo lo sucedido hacía ya varios días volvió a apoderarse de él. Su barriga dejó de subir y bajar y su respiración dejó de fluir. En lugar de la calma y la paz con las que había amanecido, la tensión y el nerviosismo se adueñaron de él. Fue entonces cuando recordó que el disquete con CQP 1.0 yacía abandonado, semienterrado bajo una pila de libros y cuadernos. Goyo se levantó, estiró su cuerpo algo aletargado por la convalecencia y arrancó el ordenador.

En la cárcel de tu mente

Una persona que sufre agresiones y acosos de forma repetitiva a lo largo de mucho tiempo tiene muchas posibilidades de desarrollar en su mundo interior los mismos patrones que vive en su vida cotidiana. Así, en este caso, su mente recreará la figura del **bully**: un acosador interno con rasgos similares a los agresores que la persona ha conocido en el mundo exterior. Este *bully* invisible puede permanecer durante años en la mente de una persona, atormentándola, condicionando su forma de actuar en la vida, impidiéndole relacionarse con naturalidad con las demás personas, adoptando actitudes de alguien que ha sido maltratado y doblegado. La persona en manos de un *bully* interno nunca camina ligero por la vida, siempre lleva a su espalda el peso de un enemigo incorpóreo que busca hacerle tropezar a la menor ocasión y sabotear todas las oportunidades de ser feliz. ¿Habéis visto la película La celda, con Jennifer López? Pues en la figura del malvado adulto que aterroriza al niño en el interior de la mente del asesino, tenéis un ejemplo de lo que es un *bully* interno. La forma de inutilizarlo siempre requiere que recuperemos nuestro poder interior, nuestra autoestima y nuestra capacidad de actuar y transformar aquellos aspectos de nosotros mismos que no son beneficiosos. Es posible lograr todo esto cuando comprendemos la trampa y la falsedad de los trucos del *bully* para asustarnos, dominarnos y paralizarnos. Nuestra liberación estará siempre un paso más cerca cuando en el plano interno nos reposicionemos, para luego iniciar acciones en el mundo exterior que reflejen nuestra nueva forma de concebir y abordar una situación de acoso. Una vez que hayamos actuado en el plano exterior una y otra vez, estaremos entrenando a todo nuestro ser para sustituir nuestro modo de reaccionar como víctimas de un acoso por nuestra nueva forma de actuar, eludiendo caer en la trampa que nos tiende el agresor. Pero como todo en la vida, esto también requiere práctica.

Romper el hechizo, *reposicionarse* y salir del laberinto

Es muy probable que todas las personas víctimas de una agresión se hayan preguntado alguna vez lo siguiente: «¿Por qué yo? ¿Por qué precisamente yo?» Aunque es una pregunta muy válida y natural, nosotros entendemos que si te aferras a esa pregunta, te quedarás bloqueado ante la imposibilidad de encontrar una respuesta satisfactoria, te sentirás aún más atrapado en la situación provocada por la agresión. ¿Por qué? Pues porque todas las respuestas que encuentres a esa pregunta te estarán invitando a que cambies aspectos sustanciales de tu personalidad, tus raíces socio–culturales, tu aspecto físico, etc., sólo porque a un agresor o agresores no les gusta determinado aspecto de ti. ¿Quién te dice que puedas y debas corregirlo y que cuando lo hagas no surja otra cosa que les disguste, y luego otra y otra más? Como ves, vivir permanentemente pendiente de si un aspecto de ti es aceptado o rechazado por otra persona, te convierte en alguien totalmente reactivo y esclavo de los gustos y opiniones de los demás.

Hay muchas personas que se han educado en ambientes familiares y sociales donde la crítica sistemática ha estado tan presente en sus vidas que se han vuelto totalmente reactivas. Están siempre pendientes de los demás, buscando su aprobación para así sentirse tranquilos y seguros emocionalmente. Sacrifican su propia personalidad y su iniciativa propia para satisfacer a un familiar o grupo de amigos, quienes utilizan la aceptación o el rechazo de esa persona como un arma emocional, una forma de dominar a la persona necesitada de apoyo y cariño. No quieras caer en esa trampa.

Si la pregunta «¿por qué yo?» no te ha ayudado a resolver la situación, busquemos otra pregunta que te ayude: ¿por qué ciertas personas escogen el peor camino de todos para reclamar la atención de los demás y sentir así una falsa sensación de poder?

¿Qué te parece esta pregunta? De pronto el problema ya no está en ti. Has dejado de estar en el punto de mira y ahora es tu agresor quien lo está. ¿Por qué el *bully* necesita la atención de los demás y busca obtenerla del peor modo posible? ¿Por qué necesita sentirse poderoso agrediendo a los demás? ¿Puede uno sentirse realmente poderoso agrediendo a otra persona? ¿No será más bien una falsa sensación de poder aquélla que se obtiene mediante la fuerza, el engaño, la coerción? Piénsalo. Si una persona necesita crear situaciones en las que domina a los demás para así sentir que le prestan atención, ¿No será acaso esclavo de esa necesidad? ¿Quién es entonces el poderoso, el *bully* o su propia necesidad de atención? ¿Qué piensas? ¿Quién está ahora atrapado en la trampa, el acosador o tú?

El modo en que comprendas y concibas una agresión determinará en gran medida el resultado y los efectos que sobre ti tendrá, porque el cómo interpretes la situación determinará el modo en que te posiciones en ella, y adoptar la mejor posición será esencial para evitar las embestidas de este peculiar toro.

Además, una persona que necesita dominar a los demás bajo cualquier forma, ya sea mental, emocional o físicamente, no tiene poder alguno, ya que la base del poder de una persona está en sí misma, nunca en los demás ni en su capacidad de dominar a los otros. No lo olvides. Todo aquel que te haga creer que es poderoso porque domina a las personas te está engañando. Es porque precisamente no tiene ningún poder sobre sí mismo, que intenta tenerlo sobre los demás. La fuente del poder es la conquista de uno mismo, y eso requiere hacer trabajo interior.

Goyo se detuvo un momento. Las palabras «trabajo interior» resonaron en su cabeza. Ya se las había oído decir con anterioridad a Roge, pero no sabía exactamente aún qué significaban. Se prometió preguntárselo al jardinero en cuanto tuviera ocasión, ya que presentía que en ese trabajo interno se encontraban muchas de las claves que le ayudarían a obtener ese ansiado poder interior. «Quizás sea ésa mi salvación», pensó. El chico continuó leyendo:

No-Dos y el arte de posicionarse

Cuando Huangzu llegó a su cocina aquel sábado por la mañana, se encontró con una docena de platos rotos esparcidos por el suelo entre pucheros y sartenes, señal de que durante la noche se había producido una estrepitosa pelea. Yo me encontraba en el suelo recogiendo a toda prisa las huellas de la pelea en la que nuevamente me vi inmerso.

–Yo querer aprender de ti –dijo Huangzu con acento chino, apoyando su brazo sobre mi hombro izquierdo–. Dime, ¿cómo te las arreglas para atraer sobre ti toda la agresión y la ira de esos ingleses?

Me quedé inmóvil, mirando los cristales rotos que sostenía en mis manos. No sabía qué contestarle. No se me había pasado por la cabeza que yo estuviera haciendo nada para atraer las iras de esos tipos. La verdad es que procuraba pasar desapercibido en el *Deponia,* ya que era un novato en un terreno dominado por marineros veteranos y no tenía ganas de pelea.

–No soy yo. Son ellos –balbuceé tímidamente.

–Yo, ellos, yo, ellos... ¿Por cuánto tiempo más vas a vivir engañado bajo el espejismo del Dos? –me dijo Huangzu.

—¿Espejismo del Dos? —pregunté.

—Ya te dije que la solución está en No-Dos.

—No sé lo que me quieres decir, Huangzu.

—Dime una cosa. Cuando empiezan a atacarte esos marineros, ¿cuál es tu actitud interior?

Sorprendido por aquella pregunta, permanecí inmóvil, intentando rememorar qué sucedía en mi interior al ser atacado.

—Enseguida me tenso y me pongo a la defensiva, dispuesto a luchar y a responder. No lo puedo evitar, parece como si esos tipos sólo supieran sacar lo peor que hay en mí —dije.

—Son el enemigo, ¿verdad?

—Pues sí, así los siento —respondí.

—Hagamos una cosa —dijo el cocinero—. Durante la próxima semana, tu tarea después del trabajo en la cocina será la de visualizar que te encuentras con esos ingleses sin que su presencia te altere. Imagínate con todas tus fuerzas que estáis todos compartiendo un espacio físico muy estrecho, como los pasillos del barco, y que no hay ninguna sensación de enemistad, antagonismo, odio, recelo: nada. Entre vosotros no hay absolutamente nada, ni un palillo chino. Intenta encontrar ese punto en el que ellos no produzcan ya en ti ninguna reacción. Busca el punto en el que puedas estar ante ellos sintiendo paz. Cuando te sientas cómodo visualizando y sintiendo esa neutralidad, avísame.

—Pero Huangzu, no es lo mismo visualizar que enfrentarme realmente a los ingleses —protesté.

—Visualiza y calla —gruñó el cocinero—; necesitas entrenar tu cuerpo y tu mente para que se acostumbren a nuevos comportamientos y actitudes y por aquí se empieza. En tu tierra, para hacer una tortilla has de pelar las patatas primero, ¿no es cierto?

Observé al cocinero en silencio. Su rostro, curtido por el sol y la brisa del mar, estaba coronado por una gran calva y unos ojos negros rasgados que me miraban con firmeza y dulzura a la vez. «¿Por qué se tomará este hombre tantas molestias en ayudarme?», pensé. Me perdí por unos instantes, observando su desordenada barba blanca y negra, preguntándome un sinfín de cosas sobre la misteriosa vida de aquel hombre. El cocinero me rescató del ensueño:

—Vamos, hoy tienes que pelar un montón de patatas.

Durante la siguiente semana los cuatro ingleses que acostumbraban a buscarme las cosquillas se mantuvieron alejados de mí, como por arte de magia. ¿O tal vez intuyeron que iba a visualizar todo tipo de situaciones con ellos como protagonistas y decidieron esfumarse? Quién sabe. Lo cierto es que visualicé y visualicé y me imaginé todo tipo de escenas. Mis emociones sufrieron fuertes altibajos. Algunos días la visualización iba muy bien y apenas si sentía alguna emoción negativa, pero otros días se apoderaba de mí un odio y unas ganas de pegarme con ellos que me alteraban el organismo, y aquella práctica me dejaba los nervios destrozados. Cuando pedí explicaciones a Huangzu sobre si estábamos haciendo lo correcto, ya que yo parecía más enervado que de costumbre, el cocinero sólo me obsequió con una palabra pronunciada en un tono más bien seco:

–Vi-sua-liza.

Allá por la séptima noche de visualizaciones ya estaba aburrido de los inglesitos éstos de Liverpool. Pero en el transcurso de aquel último ejercicio, en lugar de enfadarme nada más imaginarlos, una nueva sensación se apoderó de mí. Era una sensación de hastío, de profundo conocimiento de lo que iba a suceder durante la visualización, y de aburrimiento. Corrí en busca de Huangzu. No había llegado a la neutralidad absoluta de mis emociones al pensar en aquellos marineros, pero el aburrimiento me pareció un paso suficientemente importante como para compartirlo con el cocinero.

–Muy bien, vas por buen camino, pero necesitas visualizar una semana más –me dijo.

Me quedé horrorizado. ¿Una semana más? De seguir imaginando situaciones con esos hombres terminaría odiándoles más que sintiéndome en paz y neutralidad. Huangzu, con su habitual forma de callar y emplazarme silenciosamente a proseguir con mi trabajo, se mantuvo al margen de mis tentaciones de abandonar aquel ejercicio.

Del aburrimiento sin embargo no pasé al odio, sino que rocé ligeramente una emoción que calificaría como asco, y tras soportarla durante un par de días, por fin, al final de la semana, logré visualizar a los ingleses sin que se produjera ninguna emoción significante.

–Visualiza dos días más –me dijo Huangzu–. Necesitas alcanzar la paz interior, aunque sólo la roces por unos segundos.

Las dos últimas noches fueron terribles. No quería visualizar por más tiempo y atraje hacia mí todas las emociones negativas que he llegado a sentir a lo largo de toda mi vida. Estaba a punto de tirar la toalla cuando, por fin, la última noche todas las emociones desaparecieron y me sentí tranquilo y relajado como nunca antes. Los ingleses paseaban a sus anchas, sin que yo me inmutara, por mi pantalla interior, esa pantalla imaginaria donde me imaginaba todo tipo de escenas como si de una película se tratara. Mi respiración se hizo cada vez más lenta y rítmica y sentí cómo todo mi cuerpo y mi mente se relajaban. Por fin, sentí que había dejado de luchar interiormente contra los ingleses y pude aceptarles, ahí en mis pensamientos. Por primera vez en toda mi vida, sentí que yo no estaba en oposición a alguien, no estaba enfrentado a nadie. Simplemente estábamos ahí, juntos, no ya ellos y yo como entidades separadas, sino entremezclados, sin sentir enfrentamiento ni separación alguna. Me sentí bien, como si fluyera por un río, sin resistencias.

–¿Es eso la paz? –pregunté a Huangzu.

–Eso es *No-Dos* –dijo el cocinero satisfecho–. Ven, vamos a poner a prueba estas visualizaciones. Acompáñame, quiero que vayas a la sala de máquinas donde trabajan estos tipos y que permanezcas allí, ante los ingleses, el tiempo suficiente como para saber si realmente este ejercicio ha sido efectivo contigo.

El corazón me dio un vuelco y me sentí nervioso. Una cosa era visualizar y otra muy distinta permanecer frente a ellos sintiendo esa paz o ese estado de No-Dos. Aun así, me armé de valor y decidí seguir las indicaciones de Huangzu.

La sala de máquinas no era lugar para un pinche de cocina como yo, así que me dispuse a esperar cualquier tipo de reacción violenta por parte de los maquinistas. Me miraron de reojo cuando giré la compuerta, pero no se inmutaron y siguieron con sus reparaciones. Al ver sus manos ennegrecidas de manipular y reparar piezas del barco, sentí un vuelco en el corazón. Toda la violencia y el odio contra los cuales había luchado durante aquellas dos semanas regresaron y se apoderaron de mí. Las venas me hervían y sentí ganas de provocar una pelea y batirme en duelo contra aquellos ingleses que con tanto ahínco me habían provocado desde que me enrolé en el *Deponia*.

Fue entonces cuando los ingleses, que apenas se habían percatado de mi presencia, me miraron fijamente a los ojos. Dos de ellos depositaron sus herramientas sobre unos trapos sucios y se limpiaron las manos. El más pequeño se remangó la camisa. No había dudas. Habría pelea. Salí de allí bloqueando la compuerta con una escoba. Necesitaba tiempo para decidir qué hacer. Me alejé de allí en busca de Huangzu, sintiendo que una gran desazón se apoderaba de mí, al tiempo que los ingleses aporreaban la puerta profiriendo todo tipo de insultos que no logré entender.

–Qué interesante lo que te ha ocurrido –me dijo el cocinero, acariciando su barba de arriba abajo cuando por fin le encontré en la despensa y le conté lo sucedido–. ¿Qué es lo que provocó que resurgieran todos esos sentimientos violentos, lo sabes?

–No lo sé, sólo sé que de pronto les miré, me miraron y comprendí que pelearíamos –contesté.

–No. Roge, se te escapa algo. Hay un hecho muy concreto que ha provocado tu reacción. ¿Qué fue lo que viste allí y que no habías visualizado durante la semana pasada?

Intenté comparar mis visualizaciones con lo que había observado en la sala de maquinas. Los ingleses eran los mismos, sus ropas similares, las facciones de su rostro eran parecidas...

–Lo único distinto es que en la visualización les imaginé en un pasillo estrecho y que ahora les vi en la sala de máquinas, que es mucho más espaciosa –dije.

–No. Hay algo más. Algo que ha provocado en ti un repentino ataque de violencia. ¿Qué es? –insistió Huangzu.

–Pues... No sé...

–¿Recuerdas qué es lo que estabas mirando cuando sentiste ese ataque?

–Miraba sus manos. ¡Sus manos, eso es! Lo que me puso nervioso fueron sus manos...

–¿A qué te recordaron esas manos?

–Me... Me recordaron a las manos de... de... ¡mi padre! ¡Eso es! Fueron las manos ennegrecidas, que me recordaron a las manos llenas del hollín con las que mi padre volvía borracho cada día, tras horas de trabajo extenuante en las minas de carbón.

–¿Tu padre te pegaba con las manos manchadas de hollín? –preguntó el cocinero entonces.

–Sí –musité.

–¿Recuerdas si los ingleses tenían las manos negras cuando habéis peleado en otras ocasiones?

–Ahora que lo dices, sí. Siempre las llevan manchadas, como mi padre.

–¡Ahí lo tienes! Has estado luchando no contra los ingleses, sino contra tu padre. Tus visualizaciones fueron lentas y difíciles porque no habías descubierto este recuerdo oculto en tu memoria y que despertaba en ti los fantasmas del pasado.

–¿Pueden ser unas simples manos negras las causantes de todo esto? –pregunté incrédulo.

–Las manos manchadas de negro son como un anclaje en tu mente, un ancla que se agarra a ti y que te sumerge directamente en las aguas de tu pasado, y te hace experimentar sentimientos y emociones fuertes que rodean la época en la que viste, en tu infancia, esas manos ensuciadas con polvo de carbón. En tu caso, te recuerdan inconscientemente el maltrato que viviste por parte de tu padre, y despiertan en ti el deseo de responder a esas agresiones con más violencia, quizás porque siendo niño no pudiste hacerlo y te sentiste frustrado y con ganas de hacerlo. Ahora, al enfrentarte contra los ingleses en realidad luchas contra tu padre. Si logras desprenderte del anclaje superando ese pasado, quizás logres incluso entablar amistad con ellos.

–¿Tu crees que los ingleses me tienen rabia porque inconscientemente intuyen todo esto? –pregunté.

–Probablemente. Igual que el perro huele el miedo en los humanos y siente por ello aún más ganas de atacarlos, quizás en un nivel instintivo estos marineros presienten toda tu agresividad contenida y buscan que la expreses en una pelea con ellos. Quién sabe, el Tao es así, dijo el cocinero.

–¿Qué es el Tao?, le pregunté entonces.

–Difícil pregunta. Es el todo y la nada danzando amorosos el gran baile de la quietud.

–Tengo hambre –contesté, incapaz de entender aquellas palabras.

–Ven, honorable amigo español. Hoy probarás mi mejor receta de *chop suey* –dijo riendo Huangzu.

Aquella tarde, cuando el picaporte de la puerta aún no había girado en toda su totalidad, ni Lika había entrado aún en la habitación, Goyo lanzó al aire una pregunta en tono angustioso. «No entiendo de qué puede servir el visualizar y visualizar a aquellas personas que te han hecho daño. ¿Acaso no sufres doblemente por tener que recordar y así revivir situaciones que te causaron dolor? Además, ¿qué tiene que ver esto con el arte de *reposicionarse* del que hablábamos ayer, Lika?

–A ver, a ver, chaval, que estás *embalado*. Relájate un poco, ¿quieres? Antes de nada, buenos días.

–Hola, Lika.

–Has llegado a la parte de CQP en la que Roge tiene que visualizar durante días una escena con sus enemigos del barco, ¿verdad?

–Sí. A eso me refiero. ¿Qué tiene que ver eso conmigo?

–Se te ha debido atragantar el *chop suey*, Goyo, porque no has pasado de esa línea. Abre el programa y leamos juntos lo que sigue después. Pronto comprenderás mejor.

Goyo suspiró y se sentó junto al ordenador. Acercó una silla para Lika y prosiguió con la lectura del programa, esta vez en voz alta:

Un *chop suey* es una combinación de alimentos troceados que, unidos por las artísticas manos y sabio paladar del cocinero, formarán una exquisita combinación en las bocas de quienes lo degusten. En CQP ya tenemos suficientes elementos troceados como para comenzar a unirlos en un nutritivo plato.

Hemos visto cómo los agresores utilizan una proyección mental sobre sus víctimas de modo que éstas se sientan atrapadas y desempeñen exactamente el rol que el agresor quiere que interpreten, es decir, el rol de víctimas indefensas.

También hemos visto cómo, si estamos atentos y conocemos los trucos del *bully*, estaremos en mejores condiciones para no aceptar esa proyección mental del agresor sino elegir en ese momento qué rol deseamos desempeñar y cómo lo haremos para nuestro mayor beneficio, para salir lo mejor parados posibles de la situación y de sus efectos posteriores.

Esto nos permite inmediatamente *reposicionarnos* dentro de la situación. No estamos a merced de un agresor ni cegados por sus trucos, sino que somos libres de adoptar la posición y el papel que mejor nos convenga. Lo que queremos explicar es muy parecido a las estrategias que emplean los toreros. En una corrida de toros, cuando el matador se encuentra frente al toro, el animal le embiste pensando que el torero permanecerá ahí erguido, ante él, sin inmutarse. Por eso ataca con todas sus fuerzas buscando herir a su adversario de frente. Y sin embargo, segundos antes de ser tocado por los cuernos del toro, el torero gira hacia un lado, como si fuera un bailarín, *reposicionándose* y esquivando al animal que se desliza desorientado bajo el capote, una clásica maniobra que muy pocas veces falla.

Cuando alguien es agredido de forma habitual por otra persona, tiene tendencia a comportarse siempre del mismo modo. La víctima entra en un especie de trance en el que se cierra completamente a otras posibilidades de obrar que no sean las que ha utilizado hasta ahora, ya sea paralizándose o protegiendo su cuerpo contra las agresiones, ya sea defendiéndose verbal o físicamente. Existen pocas posibilidades de que pruebe un nuevo comportamiento para ver si así rompe la dinámica de la agresión, porque una vez agredido no tiene tiempo de reflexionar ni de elegir probar nuevos comportamientos...

De ahí que las visualizaciones sean tan efectivas a la hora de entrenarnos para obrar de otras formas posibles. Una visualización es como el ensayo general de una obra de teatro. No es la representación real, pero sirve de mucho para ver si todos los actores están preparados y si la coordinación entre ellos y todo el equipo técnico es la mejor para que la función sea un éxito. Con ejercicios de visualización como los que Huangzu me hizo practicar, logramos introducir un cambio en nuestro comportamiento habitual, rompiendo así con las actitudes compulsivas.

Sin embargo, las visualizaciones pueden no llegar a ser del todo efectivas si nos encontramos con los temibles anclajes de nuestra mente, que nos llevan directamente a situaciones de nuestro pasado que se hallan escondidas en nuestro subconsciente, fuera de nuestro control, y que sin embargo van a influir poderosamente en nuestro comportamiento actual. El recuerdo de las manos manchadas de hollín con las que mi padre me pegaba fue el motivo real por el que yo me sentía totalmente impulsado a luchar contra los ingleses del *Deponia*. Ese recuerdo, ese anclaje en mi mente, me forzaba a luchar sin posibilidad de modificar mi comportamiento. Para que las visualizaciones fueran un éxito, como supe más tarde gracias a mi maestro, Huangzu, primero sería necesario eliminar esas anclas y liberarme así de esa atadura del pasado.

Como comprendí más tarde, el cocinero me había insistido en que visualizara escenas concretas en las que compartía un mismo espacio con los ingleses que me agredían habitualmente en el barco, con un propósito muy claro. Buscaba transformar mi percepción de los ataques y que yo dejara de verlos como una situación de dualidad, basada en la rivalidad entre «yo y ellos». Visualizando, el cocinero esperaba que, con el tiempo, lograra establecer unos vínculos nuevos con los ingleses, vínculos que no fueran los de la separación entre enemigos. En definitiva, Huangzu intentaba demostrarme en la práctica su enigmática lección del No–Dos.

Aunque todo esto parece muy complicado, es muy sencillo si haces la prueba tú mismo. Imagínate que estás frente a tu enemigo número uno. Te colocas frente a él y sientes todo el odio, rencor y asco que tengas hacia esa persona. Eso es una situación de total dualidad. Estáis ahí cada uno enfrentado al otro sin entenderos, sin comprenderos ni ser capaces de poneros el uno en la piel del otro. Dualidad pura y dura. Ante eso, poco espacio queda para la paz. Sólo cabe una cosa: el enfrentamiento y la lucha.

Ahora, visualiza que tu enemigo está de pie junto a ti a tu lado derecho o izquierdo y que juntos miráis en la misma dirección, hacia un paisaje por ejemplo. Imagínate que comentas con él la belleza de lo que estáis contemplando y él comparte contigo sus impresiones y tú las tuyas. Juntos estáis compartiendo algo, un paisaje y un momento. ¿No sientes que de pronto se ha desvanecido gran parte de la dualidad que sentías cuando lo tenías frente a ti en una postura aparentemente irreconciliable? Esto ha sido sólo un *reposicionamiento* imaginario, pero ¿ves qué efectos tiene cuando simplemente cambias de ubicación y en lugar de estar enfrentado estás a su lado?

Este ejercicio parece la tontería más grande del mundo, pero te aseguro por experiencia propia que, ante una agresión inminente, si eres capaz de posicionarte interiormente de forma tal que no estés en posición de dualidad con respecto a tu agresor, habrás logrado, si no evitar la confrontación, sí sembrar muchísima más serenidad y calma a la situación. ¿Por qué? Porque estando enfrentados así, uno frente al otro, vuestros sentimientos de enemistad y vuestras ganas de pelear rebotarán como una pelota de tu cuerpo al suyo, e iréis incrementando la violencia contenida hasta que llegará un punto en el que uno de los dos no pueda reprimir sus deseos de pelear por más tiempo.

En cambio, si uno de los dos es el que busca pelea pero el otro interiormente se posiciona de tal modo que no ofrece la posibilidad al otro de activar en él sus ansias de conflicto, la energía violenta se disipará de inmediato porque no encontrará a nadie contra quién lanzarla. Ése es el secreto de No-Dos.

Hay varias ayudas para lograr escapar de una situación de dualidad. La primera de ellas es no tomarse las cosas personalmente, lo cual podemos hacer si entendemos que el agresor es una persona con problemas cuanto menos psicológicos y emocionales, y que no nos ha elegido a nosotros por quién somos sino porque está enfermo, y su enfermedad consiste en agredir a quien sea que reúna unos mínimos requisitos para ser agredido.

La segunda ayuda es más difícil pero muy eficaz si logramos ponerlo en práctica de forma honesta y veraz, siempre y cuando estemos realmente preparados para ello: la compasión. Cuando entendemos que el agresor está enfermo y atrapado en una dinámica de violencia, es posible que podamos desarrollar un cierto grado de comprensión y compasión que nos permita dirigirnos a él en un tono conciliador, abandonando nuestra reacción violenta y defensiva. En esa situación dejaríamos de estar en dualidad. Quizás, sólo quizás, el agresor, al sentirse comprendido por ti, consiga ablandarse y modificar su comportamiento. No es algo imposible. Todas las personas heridas buscan de alguna forma o de otra que alguien con suficiente capacidad de entenderles y escucharles alivie su dolor.

La tercera, quizás un poco más difícil de lograr si no la sientes realmente, es la de saber a ciencia cierta que tú y el agresor sois iguales. Sois total y absolutamente iguales en todo. No sois diferentes. Generalmente, las personas enfrentadas entre sí engrandecen sus diferencias, sus puntos de discordia, pensando así que no son iguales. Es mucho más fácil pegar a quien no es como tú, a quien no es tu igual. Por eso, todas las estrategias violentas buscan sembrar la diferencia y nunca la similitud. En la similitud encontramos la unidad de todas las cosas, y eso nos hace imposible agredir a aquello que es como nosotros, porque eso mismo sería como agredirnos a nosotros mismos.

CAPÍTULO 8

LA AUTÉNTICA VARITA MÁGICA

–¿Lo has entendido ahora? –preguntó Lika.

–Sí, creo que sí. Pero aún no sé cómo puedo resolver mi problema con Rafa y su panda gracias a estos consejos de Roge.

Lika se levantó de su asiento y se asomó a la ventana. Las ramas de dos enormes castaños apenas dejaban entrever el jardín con columpios y balancines donde los niños del barrio de Goyo acostumbraban a jugar de día; de noche, el lugar parecía llenarse de gente más mayor a tenor de los botellones que yacían tirados en el césped.

–El primer paso, como te dije el otro día, es tomar una decisión de cómo vas a percibir e interpretar esto que te sucede. ¿Eliges ser una víctima indefensa o eliges ser una persona con recursos capaz de hacer frente a la situación? Dime, Goyo... ¿Qué eliges?

Goyo miró a Lika sorprendido ante la pregunta y el tono en el que la chica le urgió a tomar partido por una u otra dirección.

–No es tan fácil. Una parte de mí se siente una víctima impotente, pero otra parte desearía sentirse fuerte y capaz de resolver el asunto de la mejor forma –respondió.

–Bien, por algo se empieza. Por lo menos has localizado dentro de ti dos sentimientos aparentemente enfrentados. Aun así, si pudieras elegir, ¿con cuál de los dos sentimientos te quedarías?

–Si pudiera elegir, prefiero sentirme como una persona capaz de resolver mis problemas sin sentirme una víctima indefensa.

–Bien, pues quédate con ese sentimiento. Conviértelo en una elección. Aún no sabes cómo vas a lograrlo, pero sabes que has elegido sentirte como una persona con recursos capaz de resolver problemas. Lo importante no es cómo vas a lograrlo, sino que has decidido que así vas a sentirte. Eso, en una situación de agresiones y acoso es muy importante, y determinará en gran medida el resultado final.

–¿Por qué es así?

–Porque si antes de vivirla arrojas sobre una situación pensamientos pesimistas sobre tus posibilidades de salir victorioso, te estarás haciendo un flaco favor. Es como si restases fuerza a tus posibilidades reales de vencer. Es como si todos los españoles, incluidos los futbolistas, nos ilusionamos con el papel que España puede jugar en un mundial pero secretamente estamos convencidos de que no pasaremos de cuartos de final. ¿Adivinas que pasará?

–Pues lo de siempre: decepción nacional –confirmó Goyo.

–Efectivamente. Para ganar hay que sentir que uno es capaz de ganar. Hay que sentirse ganador en cada fibra de nuestro cuerpo y mente. De lo contrario, o la suerte está de nuestra parte, o no lograremos alcanzar nuestro objetivo porque aún tenemos muchas barreras internas que nos impiden alcanzarlo.

–¿Las barreras internas de las que hablas son como los anclajes que mencionó Roge, esas manos manchadas de hollín como causantes de su problema con los ingleses?

–Sí –dijo Lika–. Las barreras internas pueden estar compuestas por anclajes de nuestro pasado. Situaciones similares que hemos vivido en otros periodos de nuestra vida y cuyo recuerdo condiciona nuestro momento presente. Es como la obsesión nacional de que la selección española de fútbol no ha superado nunca los cuartos de final; esa idea se transforma en una barrera en la mente del jugador y de la afición. Es necesario deshacer el anclaje y liberarnos de ello.

–Sí, pero ¿cómo? –preguntó Goyo de nuevo.

–El primer paso consiste en darnos cuenta de que hay un anclaje. A menudo, sólo con darnos cuenta de ello conseguimos disolverlo porque comprendemos que eso que sucedió en el pasado nada tiene que ver con el presente, y que el anclaje sólo se ha activado porque hemos hecho inconscientemente una asociación de ideas y emociones que no nos está ayudando a enfrentarnos a la situación actual. En el caso de Roge, fue suficiente que descubriera que los ingleses estaban recordándole a su padre para así cortar con el anclaje. Una vez que lo logró, le resultó más sencillo ver a los ingleses tal y como eran, y no proyectando sobre ellos el recuerdo de la violencia de su padre. Eso quitó mucho fuego a la situación.

–Ya veo –musitó el chico.

–¿Qué pasa, Goyo?

–Es que, aunque entiendo todo esto, no sé si me servirá para resolver mis problemas –repitió.

–No te angusties, Goyo. Has elegido entre sentirte impotente o sentirte capaz. Mantén vivo el recuerdo de tu elección.

–Pero es que llevo ya mucho tiempo soportando estas agresiones y siempre pasa lo mismo. Siempre termino derrotado, mi imagen queda por los suelos, la gente termina pasando de mí... ¡Y yo me quedo solo y hundido! –gritó el chico entre lágrimas–. Ya no puedo más –sollozó.

–¿Cuándo tienes que volver al colegio? –preguntó Lika de pronto.

–Uff, pues no sé. Me imagino que el lunes o el martes a más tardar. Ya no tengo fiebre ni excusa para seguir aquí –respondió el chico, cada vez más preocupado.

–Bueno, tenemos unas cuantas horas por delante para hacer un poco de magia –dijo ella.

–¿Magia? ¿Tú crees que esto lo resuelvo yo con un conjuro a lo Harry Potter?

–No. Más bien con los Toques Mágicos de CQP, los TM de CQP.

–¿TM de CQP? ¿Qué me estás diciendo, Lika?

–Hubiera preferido que Roge te hablara de ello o que lo leyeras en CQP 1.0, pero la situación requiere que hagamos algo eficaz y rápido respecto a tu estado de ansiedad y angustia. Así que éste es tan buen momento como cualquier otro para introducirte en esta poderosa herramienta, elegida por CQP como una de las mejores para resolver eficaz y rápidamente un montón de problemillas y emociones difíciles de procesar. (Los TM están inspirados en Emotional Freedom Techniques, EFT. Podéis aprender ésta técnica en el apéndice del libro).

Al otro lado de la puerta, Mercedes volvió a pegar el oído intentando no perderse ni una palabra de cuanto allí se dijera. Sentía una terrible curiosidad por saber cómo una chica tan joven iba a disipar y calmar la tormenta emocional en la que se encontraba su hijo.

—Antes de nada tienes que beber agua. Es esencial que estés hidratado para poder aplicarte los TM.

Goyo se bebió dos vasos de agua de un trago. Estaba de lo más intrigado, intuyendo que estos *Toques Mágicos* bien pudieran ser la causa de la tremenda confianza personal con la que Lika se relacionaba con los demás.

—Ponte de pie, así, delante de mí. Tú no tienes que hacer nada más que repetir las frases que voy a ir diciendo, procurando conectar emocionalmente con todo el problema de acoso escolar que has vivido en el colegio. Conecta con ello de una forma global, de manera que los recuerdos no te hagan sufrir, pero sí sean lo suficientemente vivos como para que seas muy consciente de todo lo que te ha ido sucediendo a lo largo de estos meses con esa pandilla de chicos que te acosan. ¿De acuerdo?

—Sí, de acuerdo.

—Voy a aplicarte los Toques Mágicos sobre la situación general y luego, una vez que sientas cierta mejoría, iremos resolviendo aspectos concretos de toda esta situación, ¿vale?

—No sé lo que me estás diciendo, pero vale.

—Bueno, pronto lo averiguarás.

—Antes de nada, quiero que me digas cuánta angustia te genera el recordar toda la situación de acoso escolar que has sufrido y sufres aún, en una escala del 1 al 10.

—Pues... No sabría calcularlo —dijo Goyo.

—No tienes que ser un matemático para darme una cifra, sólo imagínate, en una escala del 1 al 10, qué grado crees que tienes de angustia al pensar en Rafa y su panda y en las cosas que te hacen.

—Pues, realmente, un diez.

—Bien. Voy a darte unos toquecitos con mis dedos índice y corazón en ciertas partes de tu cuerpo; a la vez, quiero que repitas una frase cuando toque cada una de esas partes de tu cuerpo, ¿vale?

—Vale, pero no me toques en sitios raros, ¿eh?

—Jajaja… No, tranquilo. Te tocaré la cara, la parte superior del tórax, debajo del brazo y los dedos de la mano, eso es todo.

Lika aplicó unos golpecitos sobre el músculo abductor del dedo meñique de Goyo, allí donde un karateca golpearía con su mano para partir en dos un ladrillo, al tiempo que recitaba la siguiente frase: «*Aunque me siento terriblemente angustiado por el acoso al que Rafa y su panda me someten, soy un chaval estupendo*».

—Vamos, repite conmigo la frase mientras voy aplicando los TM —dijo Lika.

—Aunque me siento terriblemente angustiado por el acoso de Rafa y su panda, soy un chaval estupendo —repitió el chico, algo cohibido ante todo aquello.

Con un semblante serio y concentrado, Lika aplicó seis o siete toques mágicos en distintos puntos de la cara, a ambos lados de los ojos, debajo del ojo, debajo de la nariz, en el mentón, más abajo de la clavícula, bajo el brazo, en los laterales derechos de los dedos, cerca del comienzo de las uñas, en la parte mas carnosa de la mano usada por los karatekas y en la cabeza, en la coronilla.

Aquello duró menos de un minuto. Cuando Lika terminó, Goyo emitió un profundo suspiro y esbozó una gran sonrisa.

—Muy bien, Goyo. Ahora, en una escala del 1 al 10, ¿en qué nivel crees que se encuentra tu angustia?

—A ver... Déjame que piense...

Goyo permaneció varios segundos observando su cuerpo y su estado de ánimo, aún sorprendido por la poderosa técnica que acababa de experimentar. La verdad es que se sentía un poco mareado, pero había experimentado un gran alivio tras los toques de Lika.

—Yo diría que estoy en un 7. Pero ahora, más que angustiado, me siento cabreado.

—Bueno, a ver. Antes te sentías angustiado y ahora cabreado. Esta técnica es muy sutil, y cuando la aplicas ves cómo tus emociones se mueven. Una emoción desaparece al sanarla pero de pronto surge otra. Todos nuestros problemas en la vida se componen de una gran mezcla de emociones que a veces forman una enorme bola que no somos capaces de desentrañar ni sanar. Pero quiero que, antes de pasar al cabreo, apliquemos una segunda ronda de TM para reducir la angustia a cero. Luego trataremos el cabreo. ¿De acuerdo?

—Tú mandas, Lika.

La chica aplicó otras tres rondas de TM para reducir la angustia al mínimo. Cuando lo hubo conseguido, la cara de Goyo era otra. Sus músculos faciales estaban totalmente relajados, incluso sus hombros, que hasta entonces habían permanecido levantados y agarrotados, ahora reposaban plácidamente, permitiendo que sus brazos y columna vertebral descansaran. Una gran sonrisa y un rostro lleno de preguntas miraban a Lika con ganas de respuestas inmediatas.

—Cuéntame, ¿qué es esta técnica tan alucinante, Lika?

—Aunque Roge aprendió de Huangzu una versión antigua de esta técnica, hoy en día ha sido desarrollada desde distintos sectores conectados con la medicina china y terapias alternativas. La técnica en sí es una versión moderna y transformada de las técnicas de acupuntura que se basan en la sanación a través de los meridianos de energía del cuerpo. Así que los TM, como los llamamos Roge y yo, se aplican sobre terminaciones de 13 de los meridianos principales, meridianos conocidos y descritos con todo lujo de detalles por la medicina china. Esta técnica no usa agujas sino suaves toques a modo de estimulación.

—Sí pero, ¿por qué estos Toques Mágicos reducen la angustia, como ha sucedido en mi caso?

—Verás, según esta terapia, la causa de toda emoción negativa es un bloqueo del sistema energético del cuerpo. Así que estimulando los meridianos, que son los conductos por donde fluye la energía sutil, mientras estás concentrado en un problema que te afecta, ayuda a que la energía fluya correctamente por los meridianos en lugar de bloquearse.

—No estoy seguro de entender lo que me estás explicando...

—Verás. ¿Te has dado cuenta de que hay personas a las que, si las llaman 'hijas de p...', se vuelven locas y casi te matan, mientras que hay otras que ni se inmutan?

—Sí.

—Pues una posible explicación es que algunas personas, al escuchar este insulto por primera vez, sufrieron un bloqueo en su sistema energético, mientras que otras personas no lo padecieron; así que,

— 118 —

quienes sí lo sufrieron, vuelven a bloquear su sistema cada vez que escuchan este insulto. Lo mismo sucede con una persona que tiene miedo al agua por algo que sucedió en su infancia: inconscientemente, esa situación pasada reavivará su miedo al agua cada vez que intente meterse en el mar o en una piscina.

—¿Y por qué sucede eso a unas personas y no a otras?

—Porque hay veces en que estamos más propensos a sufrir bloqueos energéticos. Estar deshidratados es una causa para ello, ser alérgico a ciertos alimentos es otra causa, estar deprimido es otra… Aun así no importa mucho el porqué, sino que podemos hacer algo al respecto. ¿No te parece fantástico?

—Bueno, me ha bajado la angustia de un 10 a un 0, pero aún tengo más emociones que me agobian sobre toda esta situación y no sé cómo hacer frente a mi vuelta al colegio y a que me tomen por un ladrón —suspiró Goyo, tenso de nuevo.

—Prosigamos. Esta técnica se basa en repetir frases y en dar toquecitos, pero aunque parece muy simple es también muy rica, porque dependiendo de cómo formules las frases lograrás mejores o peores resultados. Es necesario dar en el clavo, lo que requiere cierta maestría. ¿Qué es lo que más te cabrea de toda la situación de acoso? —preguntó Lika.

—Me duele el orgullo, me siento dolido porque unos tíos consiguen humillarme y yo me siento incapaz de responder de una forma satisfactoria —dijo el chico.

—Vale. Hagamos una ronda de TM. En una escala del 1 al 10, ¿qué nivel de cabreo tienes ahora al pensar en todo esto?

—Pues…un siete —dijo Goyo.

—Repite conmigo: «*Aunque me cabrea muchísimo que estos chicos me humillen porque no sé cómo reaccionar ante sus agresiones, me quiero y me acepto plenamente*».

Goyo se quedó en silencio ante lo que acababa de oír. No estaba seguro de poder repetir aquella frase. Antes de que Lika comenzara a aplicarle los Toques Mágicos, unos enormes lagrimones se deslizaron por sus mejillas.

—Tranquilo, Goyo; esto es parte del proceso. ¿Te cuesta repetir las palabras «me quiero y me acepto plenamente»?

–Sí... No puedo decir eso...

–Bien, déjame formular la frase otra vez: *«Aunque me cabrea muchísimo que estos chicos me humillen, haré todo lo posible por quererme y aceptarme plenamente».* ¿Te resulta más fácil así?

–Sí, creo que eso sí puedo repetirlo.

Tras esta ronda de Toques Mágicos, Goyo redujo su nivel de cabreo a un 1, aunque empezaba a saltar de una emoción a otra, y ahora lo que más parecía agobiarle era el haber sido acusado de ladrón y la vergüenza que le produciría volver al colegio y ser considerado como tal.

Esta vez Lika aplicó los TM con las siguientes frases:

«Aunque me muero de vergüenza pensando que la gente me toma por un ladrón, me acepto plenamente».

«Aunque me muero de rabia porque me han acusado injustamente de ladrón, yo sé que soy inocente y me acepto plenamente como soy».

«Aunque no sé cómo hacer frente a Rafa y los suyos, me aprecio profundamente y me siento bien conmigo mismo».

«Aunque no sé por qué me han elegido a mi para atacarme sin tregua, me acepto plenamente como soy.»

«Aunque hay cuatro ó cinco chicos que me agobian, el colegio es muy grande y hay otros muchos chicos y chicas con quien entablar amistad».

«Aunque Rafa piense que soy un mierda, yo sé que soy un chico estupendo».

Cuando terminaron de aplicar varias rondas con estas frases, Goyo cayó agotado encima de su cama, pero eso sí: con una sonrisa de felicidad en la cara, como nunca se la había visto Lika.

–¡Guau! –exclamó el chico–. Esto es increíble, Lika, me siento muchísimo mejor... ¿Puedo aplicarme los TM yo mismo?

–¡Claro! De eso se trata, de que aprendas esta sencilla técnica y la puedas aplicar a un sinfín de situaciones en tu vida, no sólo las de acoso escolar sino otras muchas cosas, emociones difíciles de procesar, metas difíciles de alcanzar, bloqueos irracionales, exámenes que te ponen nervioso… Es una técnica que sirve para mil y una cosas. ¿Sabes que los deportistas la utilizan para mejorar sus resultados? Muchas veces, los resultados de un deportista están muy relacionados con sus emociones, por lo que los TM pueden ayudar a expandir los horizontes de esos hombres y que mejoren sus metas y aspiraciones.

–Ostras, ¿te imaginas qué pasaría si para el próximo Mundial todos, futbolistas, periodistas y afición, nos aplicásemos unas rondas de TM para lograr superar la barrera de los cuartos de final? –gritó Goyo entusiasmado ante su genial idea.

–Jajaja…Pues sí, Goyo, ¡es una excelente idea! Podrías aprender un poco más esta técnica y, quién sabe, de aquí al siguiente Mundial preparar un informe sobre los beneficios de estos Toques Mágicos.

–Esto es genial, Lika... ¿Puedo tratar todos mis complejos con los TM?

–Claro... Hay veces en que resulta difícil reducir los complejos a cero porque hay que encontrar las causas originales que produjeron el complejo, las anclas de nuestro pasado, pero aunque no des con ellas al principio y te apliques rondas un poco generales, sin llegar al meollo del asunto, lograrás reducir muchísimo la negatividad que rodea un complejo o una situación.

–¿Qué crees que pasará cuando mañana vuelva al *cole*, cómo me sentiré después de estos Toques Mágicos? –preguntó Goyo un poco asustado.

–Pues no lo sé con exactitud, Goyo, pero yo diría que has reducido considerablemente la tensión y el nerviosismo que lógicamente toda persona en tu situación sentiría al volver al colegio. Eso te va a ayudar a estar más sereno y con más posibilidades de actuar con sabiduría, sin dejarte llevar por las emociones que surjan. Durante los próximos días, te recomiendo que hagas rondas de TM que afiancen tu autoestima. También te ayudará mucho que cojas lápiz y papel y pongas por escrito todo lo que sientes ante este acoso escolar y, cuando lo tengas delante de tus ojos, vayas aplicándote rondas de TM hasta reducir al cero la carga negativa de las emociones que sientas. Si sigues leyendo CQP encontrarás un capítulo dedicado a los Toques Mágicos aplicado al acoso escolar y sugerencias de frases que puedes utilizar. Hay una frase importantísima que has de repetir varias veces por lo menos, y es ésta: *«Aunque otras personas me hayan elegido como víctima de un acoso escolar, me perdono y me acepto plenamente tal y como soy».*

–¿Por qué es importante esta frase, Lika?

–Pues porque, aunque no nos damos cuenta, solemos sentirnos culpables de las agresiones que nos imponen los demás. Una parte de nosotros se siente responsable de esa agresión y es necesario liberarnos de ese sentimiento, porque la culpabilidad es una de las anclas más poderosas, y el perdón, una de las llaves más potentes para liberarnos de las trampas emocionales en las que a menudo caemos. Mi consejo es que siempre que uses los TM para cualquier situación, trates posibles sentimientos de culpa perdonándote a ti mismo, aunque sólo sea por si acaso.

–Lika, eres una caja de sorpresas, me tienes alucinado –dijo Goyo.

–Jajaja… Chaval, ¡ya te he revelado uno de mis mejores secretos! A ver con qué rapidez me superas en el arte de los TM.

–¿Tú te los has aplicado con muchas situaciones? –preguntó Goyo, siempre curioso por descubrir los misterios de su amiga.

–Sí. Yo me apliqué un sinfín de rondas de TM con el acoso que sufrí por parte de esas chicas. Me apunté uno a uno todos los insultos que me dirigieron y fui reduciendo a cero los niveles de enfado, estrés, pena, dolor, vergüenza, desesperación… Todas las emociones que pude detectar al pensar en esas chicas y en lo que me hicieron pasar. Cuando avances en el manejo de esta técnica verás que hay una forma de tratar situaciones como si de una película se tratara. Es muy buena para cuando necesitas procesar distintas emociones que van surgiendo en una situación. El truco consiste en repasar en tu mente, como si de una película se tratara, toda la situación que quieres sanar, rebobinando si hace falta, al tiempo que te das los Toques Mágicos. Después de varias rondas y de revisar en tu mente todo lo sucedido, deberías sentirte liberado emocionalmente de esa situación.

–No entiendo bien... ¿Me lo explicas?

–Imagínate que uno de tus mayores traumas es que ibas andando por el colegio comiéndote un *donuts* y de pronto, como surgidos de la nada, aparecen tus peores enemigos del colegio y te llaman «gordo seboso». Pues la técnica de la película consiste en revivir esta escena por partes al tiempo que te das Toques Mágicos. Puedes ir repitiendo frases para describir cada situación o simplemente aplicar los toques en silencio, concentrado en lo que estás viendo interiormente, en todo caso repitiendo en voz alta que te quieres y te aceptas plenamente.

Utiliza la puntuación del cero al diez para saber si vas reduciendo tus niveles de angustia, miedo, dolor, etc. Con esta técnica, además, evitas que en el futuro, en situaciones similares, tu sistema energético se bloquee. Podrá dolerte el insulto pero no cargarás con él a cuestas por el resto de tu vida convirtiéndose en un complejo. Esta técnica no evita las emociones negativas pero sí reduce su impacto y sus influencias excesivas sobre nosotros.

–¿Y si me duele la cabeza también puedo darme Toques Mágicos?

–Claro que sí, y puedes lograr muy buenos resultados. Esta técnica es empleada a menudo para curar dolores físicos ya que éstos con frecuencia tienen su orígen en emociones bloqueadas.

–Qué chulo, Lika, esto es increíble; muchas gracias por enseñarme esta técnica.

–Sí, es increíble sobre todo porque te permite ser dueño de ti mismo y te ofrece una herramienta para reducir tensiones innecesarias de un modo rápido y cómodo –dijo Lika–. Bueno, me tengo que ir. Sigue leyendo CQP. El lunes te veo en el *cole*, ¿vale...? Caray, pareces otro después de los Toques Mágicos.

–Vale. Mil gracias, sabia maestra –dijo el chico con una sonrisa burlona–. Aunque si puedo quedarme un día más en casa, lo prefiero.

Ahora sí que Goyo estaba desconcertado. Por más que intentara sentir el dolor que había sufrido en cada fibra de su cuerpo en los últimos días, no lograba localizar ese sufrimiento. Era como si se hubiera esfumado. Por supuesto que aún se sentía muy preocupado porque pronto tendría que volver al colegio y retomar las cosas tal y como se habían quedado, cuando aquella tarde de mayo fue humillado y acusado de ser un ladrón delante de todos sus compañeros. Pero, aun sabiendo que tendría que hallar una forma de resolver todo aquello, el chico se encontraba bien, más sereno que de costumbre. Aquellos Toques Mágicos habían surtido su efecto y más aún: le brindaban la posibilidad de curarse a sí mismo en cuanto tuviera una emoción incómoda. Eso le daba más fuerzas y se sentía más que nunca capitán de su navío interior, como acostumbraba a decir el jardinero. Goyo estaba satisfecho por conocer al fin uno de los secretos de la seguridad que emanaba Lika. Si ella había logrado superar todos los insultos

que le proferían sus compañeras de clase, ¿por qué no podía hacerlo
él? ¿Cómo sería su vida si ningún insulto hiciera mella en todo su ser,
como había ocurrido hasta entonces? ¿Cómo sería su vida sin el miedo constante? No lograba imaginárselo, aunque ya empezaba a saborear la delicia de sentirse libre de aquellos ataques. Miró con sorpresa
y admiración sus dedos índice y corazón, sonriendo al haber encontrado por fin la verdadera varita mágica.

Goyo pasó el resto del día haciendo estas prácticas de CQP, ano-
tando sus emociones y los distintos tipos de agresiones de los que
había sido víctima en el colegio. Anotó las sensaciones físicas que
sentía al ser insultado, atacado, y se aplicó Toques Mágicos para ir
reduciendo los niveles de ansiedad, miedo, enfado, impotencia o frustración que fueron aflorando ante él.

A eso de las siete, Mercedes, su madre, apareció con una bandeja
con un vaso de leche y un bocadillo. Acariciando el cabello de su hijo,
le plantó un beso en el cuello:

—Tendrás hambre....

Goyo miró a su madre enternecido y, de improviso, sintió cómo
unas lágrimas se deslizaron por sus mejillas. Los ojos de Mercedes
también se humedecieron y los dos se abrazaron en silencio.

—Mamá... ¡Ay, mamá…! Si tú supieras... —sollozó por fin el chico.

—Estoy aquí, hijo, esperando a que encuentres las palabras para
decirme qué te pasa.

Goyo contó entonces a su madre todo lo sucedido. Le habló de las
agresiones, de Roge, de Lika, de CQP. Por primera vez en su vida no
sintió miedo de ser criticado o condenado. Simplemente se abrió a su
madre con la confianza de saber que estaba haciendo lo correcto.

Mercedes permaneció en silencio sin querer precipitar las cosas.
Deseaba permitir que su hijo resolviera aquella difícil situación por sí
mismo, ya que ésa era sin duda la mejor forma de aprender de aquella
experiencia y salir fortalecido. Aun así, tuvo que reprimir su instinto
de madre, un impulso que le empujaba a clamar venganza y lograr la
expulsión del colegio de aquellos agresores.

—¿Sabes que en los dedos tenemos la verdadera varita mágica?
—dijo entonces Goyo, mirando a su madre con aires de misterio.

—¿Qué quieres decir?

–Lika me ha enseñado una técnica alucinante, mamá. Quiero enseñártela. Quizás pueda ayudarte a ti también a superar tus cosas...

Fue entonces cuando Mercedes sonrió por fin. Comprendió que su lobezno le había hecho cómplice de un preciado secreto, y aunque había escuchado a hurtadillas las explicaciones de aquella técnica, hizo todo oídos y brindó a su hijo una de las más hermosas posibilidades que una madre puede ofrecer a su progenie: aprender con la mente y el corazón abiertos, sin aires de superioridad ni falsos orgullos, de quien un día salió de su vientre. ¡Eso es Crecer con mayúsculas!

La noche sorprendió muy pronto a los Martínez. Goyo aún no había decidido si iría al colegio al día siguiente o no. Miró a su madre mientras ésta guardaba los últimos cubiertos y vasos en el friega–platos. Parecía tranquila después de que Goyo le hubiese aplicado unos Toques Mágicos. Canturreaba una canción de su infancia con una voz apenas perceptible, quizás por vergüenza a confesar que siempre le había gustado cantar. Goyo se sintió bien. Había ayudado a su madre enseñándole aquella técnica y eso le llenó de orgullo. También respiró tranquilo al saber que su madre no condenaba la idea de CQP, ni la amistad que tenía con Roge y una chica mucho mayor que él. Si sus padres se hubieran opuesto, toda aquella aventura hubiera tenido que terminar ahí y hubiera sido una gran pérdida. Sí. Mañana iría al colegio. Una incipiente fuerza interior hizo acto de presencia por unos segundos, animando al chico a retomar su vida. Aún no sabía cómo afrontar todo lo sucedido ni cómo se resolvería aquello del robo de un monedero, pero estaba tranquilo. «*Elijo ser un triunfador y no una víctima*», afirmó el chico en su interior. Aquella frase le infundió aún más seguridad. Aquellos dos dedos que antaño le servían para imitar en sus juegos la forma de una pistola, ahora le servirían para estimular sus meridianos y resolver victorioso una agresión y sus efectos. Parecía un buen cambio, de pistola a varita mágica...

Cuando aquella noche Goyo apagó la luz, sintió que ponía su vida en manos del insondable misterio del destino. Se dejó llevar plácidamente hacia el mundo de los sueños deslizándose por el suave río del sopor, sereno y confiado, sabiendo de algún modo incomprensible que todo saldría bien. Y así, dormido, encontró el abrazo de la paz y el sueño reparador.

CAPÍTULO 9

ABSENT SIGNIFICA AUSENTE

Al día siguiente, Goyo llegó al colegio inmerso en una nube de nervios e interrogantes desprendiendo un perfume con aroma a miedo, angustia e incertidumbre. «No te acerques a mí», parecía gritar su aura con espanto. Llegó a clase dándose Toques Mágicos debajo de la clavícula. Parecían ayudarle a no salir corriendo y a mantener mínimamente la compostura ante sus compañeros de clase. Por suerte la campana sonó y no hubo tiempo para saludos o preguntas incómodas. Goyo sí tuvo tiempo sin embargo de darse cuenta de que su peor enemigo, Rafa, estaba ausente. Eso siempre significaba que sus esbirros permanecerían tranquilos en ausencia del jefe de la pandilla y aquello le relajó un poco.

La primera clase fue la de Inglés. La falda de flores multicolores con la que Miss Higgins ocultaba su entrada en años y en carnes volaba por todo el encerado mientras ella, con su escritura alargada y nerviosa, rellenaba la pizarra con frases en inglés. Hoy tocaba aprender la palabra *absent,* y ella estaba dispuesta a taladrárselo a todos y cada uno de sus traviesos y distraídos alumnos, en un intento por afianzar su propia autoestima y valía como profesora.

Fue entonces cuando sus ojos se posaron sobre Goyo y cuando éste, intuyendo lo peor, los escondió hundiendo su mirada más allá de sus piernas, más allá de su asiento y hasta más allá de sus zapatos.

—*Goyo, why where you absent from school three days?* —soltó ella de sopetón.

Todos los que habían aprobado el examen anterior comprendieron la pregunta de Miss Higgins y el uso de la palabra *absent*. Goyo no necesitó de un aprobado para comprender lo que le estaban preguntando. Las miradas inquisitivas de todos los alumnos de la clase se giraron hacia él a la espera de la tan ansiosa explicación acerca de su ausencia del colegio durante tres largos días.

—¿Qué…? *¿Why?* —preguntó él con la voz temblorosa, en un *spanglish* totalmente espontáneo.

—*Yes, why. Today we are learning about 'being absent'* —dijo ella. («Sí, hoy estamos aprendiendo la expresión *estar ausente*»).

—In English? —preguntó él.

—*Well yes: this is our English class, I expect you to speak in English* —contestó ella. («Pues sí, ésta es nuestra clase de Inglés, espero que habléis en inglés»).

Ésta sí que no se la esperaba Goyo. No sólo debía recordar todo lo aprendido en CQP y ponerlo en práctica de improviso, sino que encima ¡ahora debía hacerlo en inglés! El pobre chico pensó que, desde luego, no ganaba para sustos y desafíos.

—*Little complicated* —dijo por fin Goyo. («Un poco complicado»).

—*Well, do your best* —replicó ella. («Bueno, haz lo que puedas»).

—*Me have fever because me acused of rob and me innocent* —logró decir el chico en un inglés algo macarrónico, con gran esfuerzo por encontrar las palabras adecuadas para explicar que había tenido fiebre por haber sido acusado injustamente de robar.

El silencio de la clase se intensificó. La mayoría de los chicos sabían lo sucedido en el patio y las acusaciones de Rafa a Goyo y el hallazgo de un monedero de una chica en su mochila.

—*What are you talking about?* —preguntó la profesora. («¿De qué estás hablando?»)

—No puedo hablar en inglés, Señorita. Tuve fiebre porque unos chicos metieron en mi mochila el monedero de una chica y me acusaron injustamente de haberlo robado. Eso es lo que ha pasado —alcanzó a decir Goyo, con cierta firmeza en la voz.

—*So the cause of your absence from school is an accusation of robbery, is that correct?* —insistió ella en inglés. («Así que la causa de tu ausencia del colegio es una acusación de robo, ¿no?»)

—Yes, Ms Higgins —contestó Goyo confiado, como si por haberse atrevido a decir aquellas frases una incipiente fuerza interior hiciera acto de presencia.

La clase se había llenado de murmullos desaprobadores. Goyo pudo comprobar cómo la mitad del grupo le consideraba culpable y la otra mitad se mantenía en la incertidumbre sobre lo ocurrido.

—*Who accused you of robbery?* —preguntó la profesora de pronto. («¿Quién te acusó de robar?»)

—*He is....* ¡*ABSENT!*—respondió Goyo con una sonrisa agridulce. («Está ausente»).

—*Oh what a coincidence! We are really going to learn the word 'absent' today.* («Oh, qué coincidencia. Hoy vamos a aprender realmente bien la palabra *ausente*»).

—*Yes, there's also an absence of justice in this school*—se atrevió a decir el chico. («Sí, también hay una ausencia de justicia en este colegio)

Fue entonces cuando la profesora decidió zanjar la cuestión y dejarlo para el final de la clase, momento en el que intentaría hablar con el chico a solas sobre su airado cinismo respecto del sistema escolar.

Tras la típica charla por parte de una profesora que desconocía la grave situación de acoso por la que pasaba el chico, Goyo alzó los hombros y las cejas y se despidió de Miss Higgins con un «no importa, olvídelo». Definitivamente, lo que tuviera que decirle la profesora de Inglés, una mujer muy maternal pero sin atisbos de fuerza ni valentía, que era lo que más necesitaba Goyo en esos momentos, parecía atraer más bien poco al chico. Su mirada recorrió los pasillos del colegio en busca de dos personas con las que sí deseaba hablar durante el recreo: el jardinero y Lika.

No encontró a Lika ni por asomo, a pesar de cruzar todos los pasillos y subir y bajar las escaleras donde ella solía sentarse con sus compañeros de clase. Así que decidió probar suerte en los jardines del colegio, siempre resplandecientes gracias a un cuidado y atención especiales, sin duda obra de las manos y el buen hacer de Roge.

—¡Qué alegría verte, Goyo! —dijo por fin el jardinero cuando ambos se dieron de bruces en una esquina del edificio principal. La cabeza del chico no llegaba apenas al fuerte tórax de Roge, pero eso no impidió que ambos se fundieran en un enorme abrazo de oso.

—¡Ay, Roge, cuántas cosas han pasado desde la última vez! —exclamó el chico.

—Lo sé, no creas que he estado ajeno a tu problema. Lika me lo ha contado todo. ¿Cómo te encuentras hoy? Eres muy valiente volviendo al colegio y retomando tu vida. Estoy orgulloso de ti.

Goyo sonrió al jardinero con una mueca agridulce.

—No me quedaba otra, Roge; no tenía excusas para quedarme en casa, de lo contrario lo hubiera hecho.

—No te creo. Se te ve en la cara que tienes ganas de resolver este problema de acoso que sufres y tienes escrito en la frente la 'V' de victoria.

—¿Tu crees? —inquirió Goyo, animado por aquel comentario.

—Todo cambio que queremos operar en nuestra vida requiere del paso más importante de todos, y tú lo has dado ya.

—¿Cuál es ése, Roge? —preguntó el chico sin saber muy bien a qué se refería.

—La decisión. Nada existe en el Universo sin que exista antes una decisión, y tú has tomado la decisión de que basta ya de abusos. Estás cansado de ello, muy cansado, y cuando uno llega a ese punto de hastío, el león interior que llevamos todos dentro está a punto de despertar.

—¿El león interior? ¿Qué es eso, Roge? No tengo más león que el que ruge en mis tripas cuando tengo hambre.

—Jajaja. Sí, a ese león me refiero, pero en general lo tenemos todos medio dormido, y mal acostumbrado a comer y dormir y poco más. Es el león de nuestra motivación personal, el león de nuestra voluntad. El león capaz de precipitar un grandísimo cambio en tu interior gracias a un momento de claridad, decisión y firmeza. Es el león que te abre las puertas de la libertad cuando despiertas de un sueño que te ha tenido prisionero. Es el león que dice «basta ya», «no más», «hasta aquí hemos llegado». Tu león ya ha despertado, Goyo, y ahora está afilando sus zarpas.

—Vaya... No sé qué decirte, Roge... A veces hablas tan raro, de una forma tan enigmática, que no sé si soy capaz de entenderte —dijo el chico.

CQP 1.0

–¡Claro que me entiendes! Todos los niños son capaces de entender este lenguaje porque es el lenguaje de vuestra imaginación, de vuestro mundo interior. Los niños son los últimos en abandonar ese lugar sagrado en el interior de todo ser humano; al convertirse en adultos, a menudo, y tristemente, cierran la puerta de ese lugar de misterio, símbolo y encanto donde todo se explica en un cuento, en una leyenda, en un misterio desvelado a la luz de un corazón ardiente y abierto. No cierres tu corazón a ese lenguaje ni a ese mundo, porque gracias a él mantendrás abierto y despierto tu propio corazón, donde reside tu esencia, la semilla sagrada de tu verdadero ser.

–Ay, Roge... ¡Que yo lo que necesito es que me ayudes a resolver este problema con Rafa! ¿Cómo he de enfrentarme a la acusación de robo? –preguntó entonces el chico, regresando de súbito a la realidad.

–Te daría de buena gana una lista de posibles acciones que puedes emprender, Goyo, pero eso no va a satisfacerte. Necesitas encontrar tú mismo la llave que te libere del acoso escolar. Yo sólo puedo darte los ingredientes para que vayas formando tu propia llave, tu propia solución. Puedo ofrecerte herramientas que te ayuden a comprender mejor, a afinar tu visión y liberarte así de las trampas mentales que otros han tejido para que caigas en ellas. Pero lo demás está en tus manos.

–¿Quieres decir con eso que estoy solo ante el peligro? –preguntó Goyo desconcertado.

–Ha llegado el momento de poner en práctica todo lo que aprendiste con CQP. Créeme: si pudiera evitar esta parte del proceso lo haría, pero has de enfrentarte a tus propios miedos y has de encontrar el modo de resolver esta situación tú mismo. Tus padres, tus amigos, Lika y yo estaremos aquí, pero eres tú quien ha de dar los pasos. No podemos caminar por ti, tu liberación depende de ello. ¿Lo entiendes, verdad?

–Sí, desgraciadamente lo entiendo –dijo Goyo.

Roge posó sus manos encima de los hombros del chico y, con una enorme sonrisa llena de esperanza y fuerza, se despidió del chaval:

–Lo conseguirás, créeme. Tienes un hermoso y valiente león despierto dentro de ti, dispuesto a luchar a tu lado. Déjale ayudarte.

–Gracias, Roge. Está sonando la campana, hora de irme… ¿Puedo hablar contigo si te necesito? –preguntó entonces el chico, algo asustado.

–Claro que sí, siempre que quieras –contestó el jardinero, al tiempo que se alejaba del lugar arrastrando unas bolsas llenas de hojarascas y ramas de setos recién recortados.

Goyo miró de reojo a su alrededor. Buscaba receloso alguna señal de la presencia de sus enemigos. El patio parecía desierto y el chico subió a su clase. En un pasillo, antes de entrar en el aula, se aplicó unos Toques Mágicos con la siguiente frase que construyó improvisadamente: «*Aunque estoy nervioso porque alguien me vuelva a acusar de ladrón, me acepto plenamente y estoy tranquilo y relajado sabiendo que soy inocente y no he hecho nada malo a nadie*».

Hizo bien en usar los TM. El profesor de Historia aún no había llegado a clase y algunos chicos, envalentonados por la ausencia del profesor, decidieron pinchar a Goyo para ver qué tenía que decir ante las acusaciones de ladrón.

–Eh, Goyo, por ahí dicen que andas robando monederos de chica; ¿de qué vas, tío? –soltó Ramón, un chico que hasta ahora siempre se había mantenido al margen de los acosos.

Goyo soltó su mochila de golpe sobre el pupitre. El ruido del impacto sobresaltó a los demás compañeros y el silencio se impuso en la sala.

Fue entonces cuando Goyo habló por fin:

–Dime una cosa, Ramón ¿Me has condenado de antemano o todavía esperas que lo que yo pueda decirte cambie la opinión que te has formado sobre mí? –dijo el chico remangándose la camisa.

Ramón miró aquel gesto y, sin darse cuenta, dio unos pasos hacia atrás. Goyo captó que el chaval se estaba sintiendo intimidado y prosiguió.

–Os creéis todos muy listos, ¿verdad? Preferís reírle las gracias a Rafa y su pandilla de caniches para así sentiros seguros y a salvo de sus ataques. No sois más que unos cobardes… ¿Queréis saber si yo he robado ese monedero, verdad? Pues bien. Eso tendréis que averiguarlo vosotros. Yo sé lo que he hecho y lo que no he hecho y estoy tranquilo. Vosotros en cambio deberíais asustaros. Ahora que Rafa ha acabado conmigo, quizás la tome con uno de vosotros. Entonces, muertos de miedo, buscaréis aliados, amigos que os respalden, y, ¿sabéis qué? Pues que no los encontraréis porque estáis todos podridos por dentro, incapaces de distinguir la verdad de la mentira, dispuestos a aceptar una mentira antes que tener que sufrir el ataque de Rafa, un colgado acomplejado que necesita acosar a los demás para sentirse fuerte. Yo puedo vivir con lo que me ha pasado. ¿Podéis vosotros vivir con vuestro miedo y vuestra cobardía? Ya veremos. Pronto tendréis ocasión de demostrar vuestro valor. Yo en cambio no tengo nada que demostrar. Rafa me ha quitado todo lo que puede quitársele a un chico y ahora, aunque no os lo creáis, soy libre. Ya no puede quitarme nada más. ¿Qué va a hacer? ¿Pegarme? ¿Enviar a sus esbirros a robar un sujetador a una chica y luego acusarme a mí de ser un ladrón?... Por favor, ¡qué ridículo!

Nadie respiraba en la clase. Todos contenían el aliento ante las palabras que un desconocido Goyo había pronunciado con ardor y firmeza. Los aliados de Rafa parecían acobardados y con aspecto de sentirse desorientados sin la presencia de su jefe.

Sin saber cómo habían salido aquellas palabras de su boca, el chico fue desprendiéndose de sus miedos y depositándolos uno a uno en el aula, donde todos los demás alumnos fueron recogiendo las semillas de aquel pavor, haciéndolas suyas al comprender instintivamente que Goyo estaba libre y que ahora, quizás, les tocase a ellos sufrir.

Cuando el profesor de Historia llegó a la clase, el miedo reinante podía cortarse con un cuchillo. Nadie formó barullo durante la clase ni se mofó de las crueles guerras que azotaban el Medioevo europeo, intuyendo quizás que pronto se verían sumidos en algo parecido a la Guerra de los Cien Años a manos de un cruel e implacable ejecutor: Rafa Pedrera. Por suerte estaba ausente. Todos, incluido Goyo, suspiraron aliviados por aquella fortuita ausencia.

Al igual que el refrán empleado a menudo por el profesor de Historia de *si la nariz de Cleopatra hubiera sido más larga, el mundo sería distinto*, Goyo intuyó que sin la ausencia de Rafa las cosas quizás hubieran tomado otro giro. Pero ya estaba hecho. El león estaba fuera de la jaula y rugía con fuerza. El destino había dictado su sentencia y ésta empezaba con la 'L' de Libertad para unos y la 'S' de Sufrimiento y Sumisión para otros. Sufrir una caricia o una embestida del destino dependía de una sola cosa y ésta empezaba por la letra 'D' de Decisión. Goyo había decidido. ¿Qué harían los demás? Por primera vez en muchos años, lo que decidieran otras personas dejó de importarle. Fue entonces cuando se dio cuenta de que respiraba muy, pero que muy bien...

El chico tardó un tiempo en darse cuenta de que aquellas palabras pronunciadas por primera vez sin miedo y sin sentirse doblegado por el peso de sus acosadores tuvieron una fuerza y un impacto enormes no sólo en sus compañeros de clase sino en si mismo. Goyo había cambiado, por dentro y por fuera. Ahora habría un antes y un después de aquel discurso pronunciado al calor de su recién conquistada valentía. Aún sentía miedos que se apoderaban de él de forma esporádica acompañando a algunos pensamientos oscuros que todavía se colaban, como los virus, por la puerta trasera de su mente. Pero éstos eran cada vez menos y el chico lograba disolverlos fácilmente con su nueva comprensión de las cosas.

 –¿Sabes de qué me di cuenta cuándo me enfrenté a toda la clase? –contó a Lika cuando se reunieron de nuevo aquella tarde en casa del chico.

 –¿De qué? –preguntó ella.

 –Es alucinante, Lika; me di cuenta de que no tengo nada que perder, de que ya no me pueden quitar nada más. Rafa y su panda me han pegado, insultado, acusado injustamente. Han logrado que pierda amigos, que mi honradez y mi autoestima queden por los suelos, que casi suspenda el curso, que tenga un problema con una chica que ni siquiera conozco y nunca tuve la intención de herir… Me han quitado todo, Lika. Cuando lo comprendí, me llené de fuerza. Comprendí que Rafa ya no me podía hacer nada más, en todo caso emplear insultos diferentes, pegarme desde otro ángulo, acusarme de robar otra cosa. Pero más no. Entonces me di cuenta de que si he podido superar todo eso, podré superar todo lo demás, y eso me hizo ver que estaba libre, que ya no era prisionero del miedo a las agresiones. También me di cuenta de que en realidad nunca tuve miedo a Rafa sino a las ideas que me hice sobre lo que Rafa podría hacerme. Es como cuando Huangzu le preguntó a Roge cuál era su mayor miedo y éste contestó que el miedo a la muerte. Eso es falso. Uno no teme a la muerte, uno no teme al agresor. Tememos nuestra idea de la muerte, nuestra idea de la agresión y, como bien dijo Roge en CQP, una idea puede ser abrazada y abandonada y no pasa nada, la tierra seguirá girando igualmente sobre su eje.

—Chaval, me estás dejando alucinada. ¡Quién te ha visto y quien te ve! —exclamó Lika—. Aun así, déjame que te diga que no tienes nada que perder en cuanto a tu autoestima y tu orgullo heridos, pero en un caso de agresión sí tienes mucho que perder, incluso la vida. Todos tenemos la obligación de velar por nuestra integridad física y hemos de tener respeto hacia las personas desequilibradas, ya que en un arrebato de violencia pueden cometer una agresión de consecuencias muy graves para nosotros.

—¿Qué me quieres decir con esto, Lika, que está mal que le pierda el miedo a Rafa? —preguntó entonces Goyo, algo desconcertado ante el tono serio que tomó la conversación.

—Quiero decir que pierdas miedo a la situación pero no pierdas el respeto y la cautela que harán que actúes de la mejor forma posible para ponerte a salvo de una agresión fatal. Eres responsable de tu seguridad personal y por ello has de saber cuándo hablar, cuándo callar, cuándo correr, cuándo parar un golpe, cuándo aceptar un insulto sin contestar y un largo etcétera que sólo el tiempo y la experiencia nos enseñarán a dominar. No bajes la guardia, Goyo. No es por que has podido hablar con elocuencia ante tus compañeros de clase que has resuelto para siempre jamás tus problemas con el *bullying*. Lo que hoy ha funcionado, en otra ocasión puede no funcionar. Por eso, la superación de los acosos es un proceso que lleva su tiempo y, puesto que las agresiones pueden producirse en distintos momentos de nuestra vida, nunca acabamos realmente de aprender sobre ello. ¡Así que paciencia y cautela, amigo!

—Vale —refunfuñó el chico, algo decepcionado por la reacción tan seria de su amiga.

CAPÍTULO 10

LOS MISTERIOS DE KOTI-KOTI

Aquella noche, mientras sus padres discutían por el mando a distancia del televisor y por ver quién lograba imponer su voluntad sobre qué programa se vería en casa, Goyo se escabulló a su habitación y prosiguió con la lectura de CQP. Hacía ya días que sentía curiosidad por saber qué fue del joven Roge y sus aventuras en el barco inglés.

Huangzu tenía razón. Cuando comprendí que la visión de las manos manchadas de grasa negra fue el detonante real de toda mi agresividad hacia los ingleses al recordarme las manos con las que mi propio padre me maltrataba, me relajé. Y al relajarme, misteriosamente, esos marineros también se relajaron. Se comportaron como si yo hubiera superado una especie de prueba o de novatada y, poco a poco, comenzaron a charlar conmigo y hasta una noche me invitaron a jugar a las cartas. No cabía en mi asombro. Huangzu me miraba sonriendo divertido ante mi total desconcierto por el giro que habían tomado las cosas.

–¿Ves? Todo es fácil cuando practicas No-Dos –me dijo.

–No sé cómo agradecerte lo que has hecho por mí, Huangzu –le dije.

–No me lo agradezcas todavía. Lo que voy a enseñarte no ha acabado aquí, pero ésta vez no seré yo quien te lo comunique. Mañana, cuando atraquemos en Ciudad El Cabo, bajarás a puerto y no volverás a subir a bordo del *Deponia*... al menos hasta dentro de una semana. En tu camarote tienes una dispensa por fuertes fiebres que te permitirá ausentarte del barco por ese periodo. Es el tiempo que necesitas para que Mama Tembo te inicie en los misterios de Koti-Koti, su aldea.

Me quedé perplejo, sin habla, con los ojos desorbitados, no dando crédito aún a lo que acababa de escuchar. De sopetón, me enteraba de que tenía fiebres altas, de que sería expulsado del barco y que una señora, sin duda africana, me daría una lección sobre no sé qué misterios de su pueblo. Aquello no tenía sentido alguno. Miré de reojo a Huangzu a ver si quizás descubría en su semblante la huella de una broma. Pero no. Estaba más serio que el capitán ante un registro de la policía marítima.

Cuando fui a abrir la boca para protestar ante la implacable decisión de Huangzu, éste puso su dedo índice sobre su boca y, soplando suavemente, me invitó a guardar silencio.

–Ve a dormir, mañana te espera un día muy largo. Dile a tu trasero que aproveche la comodidad del mullido colchón sobre el que duermes, ya que mañana descubrirás el significado de un martirio llamado *tole ondulée*. (Ondulaciones del terreno similares a las de los tejados de Uralita y que son típicas en algunas zonas del mundo y suponen un auténtico tormento para las suspensiones de los vehículos y el cuerpo de los pasajeros).

Resignado ante la imposibilidad de rechistar, mi trasero y yo nos refugiamos en el camarote para disfrutar de la última noche de seguridad y confort a bordo del *Deponia*. Aproveché para dormir por última vez boca arriba y a pierna suelta, ajeno a los rítmicos ronquidos de mis compañeros de camarote que, más que marineros, parecían auténticas ballenas.

El sonido de las gaviotas me despertó indicándome así que ya habíamos tocado puerto. Amanecí con la visión imponente de Table Mountain frente a mi ventana, la montaña en forma de mesa que se alza tras Ciudad del Cabo en Sudáfrica. Un sinfín de grúas en movimiento y el bullicio en el puerto indicaban que hacía ya muchas horas que los habitantes de esta gran ciudad portuaria llevaban despiertos y sometidos al ajetreo desenfrenado de las actividades de carga y descarga de los enormes buques que allí atracaban a diario. Me estiré, bostezando, aún medio dormido y con cierta pereza.

Tras vestirme, bajé a la cocina del *Deponia*. Estaba desierta. Ni rastro de mi amigo y jefe, el cocinero Huangzu.

Sin duda había bajado a puerto en busca de provisiones para proseguir el viaje. Junto a los hornillos me encontré un plato con una tostada algo requemada, una taza de café aún humeante y una nota del cocinero que rezaba así: «*Cuando bajes, pregunta por el señor Mzé. El será tu guía hasta Koti-Koti. Buen viaje. Huangzu*».

Cuando puse los pies por primera vez sobre suelo africano, comprendí lo vaga y ambigua que era la nota que me había dejado el cocinero. Una marabunta humana se abalanzó sobre mí gritándome en lo que parecían por lo menos tres o cuatro idiomas diferentes, mezclándose en mis oídos en el más cacofónico de los sonidos. La masa humana me arrastró desde la escalinata y fue empujándome hacia tierra firme pasando por lo que parecía un mercado ambulante, rebosante de todo tipo de productos, olores y colores de lo más variopintos, desde las especias de la India hasta las frutas y verduras típicas del lugar, sin olvidar los suculentos pescados que hacían de esta región una de las más atractivas para las empresas de pescado occidentales.

Brazos, piernas y mucho sudor humano se entremezclaron sin que, por el momento, hubiera rastro alguno del tal Mzé. Maldije a Huangzu por haberme escrito una nota tan poco precisa. Sentí como si flotara, dejando sin más remedio mi destino en manos de aquel río humano que parecía moverse a la deriva.

Cuando por fin logré escabullirme de aquella muchedumbre, me encontré frente a un pequeño y sucio café construido con una especie de Uralita color azul y amueblado con unas viejas mesas y sillas oxidadas. Todas las mesas estaban vacías a excepción de una, ocupada por un hombre sin edad, alto, delgado y repleto de arrugas que surcaban su cuerpo en todas direcciones. No me quitó sus ojos grisáceos de encima hasta que pedí mi café y me senté, aún medio dormido, intentando recomponer mis pensamientos y decidir qué iba a hacer. En ausencia de Mzé, siempre podía regresar al *Deponia*, pensé.

–África es así –dijo entonces el otro cliente del café, dirigiéndose a mí–. Cuando crees que has perdido tu camino, de pronto te das cuenta de que has llegado a tu destino.

–¿El señor Mzé? –le pregunté, sin poder evitar que mi dedo índice, tan sorprendido como yo, se alzara señalándole.

—El mismo. Tú eres Roge, ¿verdad? Nunca subestimes la precisión de un hombre que lanza cuchillos al aire. Huanzgu sabía exactamente que tardarías ocho minutos y medio en llegar a este café, y así ha sido —me dijo aquel hombre, al tiempo que me mostraba la hora en un gigantesco Seiko dorado y plateado que se deslizaba por su antebrazo hasta llegar casi al codo.

—Vaya, no sabía que mi jefe fuera experto en movimientos de masas —dije, nuevamente sorprendido.

—En eso y en otras muchas más cosas, pero, puesto que ha decidido enviarte a Koti–Koti, ha debido pensar que necesitas un tratamiento especial —dijo el hombre, al tiempo que se levantaba a pagar las dos bebidas que habíamos consumido.

—¿Por qué, por qué dice eso? —pregunté algo asustado—. ¿Qué hay que aprender de Koti-Koti?

—Ahhh, amigo... Eso deberás contestarlo tú mismo después de vivir la experiencia. No quieras correr y quemar etapas en tu camino, eso sólo te hará llegar más agotado y cabreado a la meta: ¡sabiduría africana!

Aquellas palabras no me gustaron ni un pelo. Algo me decía que iba a aprender mucho pero que iba a sudar la gota gorda para encontrar miel en aquella situación. Pero no me quedaba otra, así que seguí muy de cerca a Mzé, quien avanzó a grandes zancadas por un laberinto de callejuelas cubiertas por toldos viejos y roídos hasta llegar a un aparcamiento inmenso a las afueras del puerto. Allí, sorteando los innumerables coches, camionetas, *pick–up's* y autobuses, dimos con el coche de Mzé, un viejo *jeep* color beige lleno de abolladuras oxidadas por el tiempo transcurrido sin que una mano reparadora se apiadara del estado del vehículo.

—Te presento a *Mister Pic* —dijo Mzé, señalando hacia el coche—. Si tú le tratas bien, él te tratará bien. Para empezar, necesito que durante el trayecto sujetes la puerta del copiloto con tus manos. Esta mañana se me ha soltado una tuerca y no tenemos tiempo para repararla, así que tendrás que ayudarme y sostenerla durante el trayecto.

—¿Cuánto durará el viaje? —pregunté algo preocupado.

—Oh, tan sólo 30 horas —contestó Mzé.

Por segunda vez en aquella mañana volví a acordarme de Huangzu y su familia en no muy buenos términos. Me mordí los labios para no proferir ningún insulto, aunque, a decir verdad, mi nivel de inglés no daba para muchas sofisticaciones lingüísticas; así que acepté a regañadientes mi destino por segunda vez en menos de una hora.

Creo que me dormí nada más salir de Ciudad El Cabo porque, cuando abrí los ojos, nos adentrábamos por un sendero arenoso y el paisaje distaba mucho de ser como el verdor de los pastos y los campos cultivados que podía apreciarse a las afueras de la ciudad portuaria. El paisaje en este tramo parecía muy reseco y hasta árido a tenor de las profundas grietas que surcaban la tierra.

–¿Dónde estamos? –pregunté a Mzé.

–Rumbo a Koti-Koti, pero esta carretera no figura en ningún mapa. Es un atajo que he tomado pasando por el País Sueil.

–¿Sueil? Nunca he oído hablar de él.

–Es que tampoco figura en los mapas –dijo Mzé con una sonrisa burlona que me dejó más preocupado aún.

–Vaya... ¿Cómo vendrán a rescatarnos entonces si lo necesitamos? –pregunté.

–Confía un poco, Roge; estás en buenas manos. ¿Con todos tus viajes a lo largo y ancho del mar, aún no sabes distinguir en quién puedes confiar y en quién no? –soltó el anciano.

Guardé silencio. Las desafiantes palabras de Mzé me tenían un poco cansado. Parecía que, dijera lo que dijera, aquel hombre estaba dispuesto a sacar punta a todas mis palabras y demostrarme con ello lo equivocado que estaba en mis aseveraciones.

–¿Pica, eh? –insistió Mzé.

Sentí cómo sus palabras me aguijoneaban el corazón y, si bien tuve ganas de pelearme con aquel hombre, su avanzada edad me hizo desistir.

–¿Viaja usted a menudo de Koti-Koti a la ciudad? –pregunté, cambiando de tema.

–Soy el conductor oficial de Koti-Koti. Una vez al mes viajo en busca de las provisiones que necesita el pueblo. *Mister Pic* es el único coche que existe en la región.

–Vaya, es usted entonces una pieza clave allí...

–No más que nadie –me cortó en tono áspero.

Al oír aquello ya no pude contenerme por más tiempo. Me giré hacia el conductor sujetando con firmeza la puerta desencajada con mi mano derecha.

–Pero oiga, ¿le pasa a usted algo conmigo? ¿Por qué me trata de este modo? –le solté, gesticulando con mi única mano libre.

–Ah, no me pasa nada. Es parte del proceso. Las treinta horas que dura el trayecto son las que necesitas para ir desprendiéndote de tu bagaje de actitudes innecesarias –respondió el anciano–. Tómatelo con calma, tenemos tiempo.

Ahora sí que me asusté. Todo, absolutamente todo lo que me había sucedido desde que desperté en el barco aquella mañana, estaba teñido de un color semi–mágico y misterioso. Una riada humana me había arrastrado hasta dar con Mzé en el momento y el lugar precisos. Luego, tras verme preso de un misterioso sueño, despertaba en un paisaje totalmente distinto al que había visto en Ciudad El Cabo y, totalmente desorientado, me encontraba con un hombre al que no conocía apenas de nada que me decía que debía confiar y, para colmo, me decía que la duración del viaje dependía de mi capacidad de desprenderme de no sé qué cosas... ¡Aquello no tenía ni pies ni cabeza! Me froté los ojos para comprobar que esto no era una pesadilla.... ¿Quién me mandaba a mí a meterme en camisas de once varas?

–Mzé, ¿me estás diciendo que si me desprendo de ciertas actitudes llegaremos antes a Koti–Koti? –pregunté sorprendido.

–Sí. Pero aun así he de parar cerca de Tsampa. Es parada obligatoria. El resto, depende de ti.

–Pero ¿a qué tipo de actitudes te refieres? –insistí.

–Bueno, cuando una persona va a recibir una enseñanza como la que vas a recibir tú, necesita tener su cuerpo y su mente preparados para recibirla. No se trata de tener medio ojo y medio oído abiertos. No. En Koti–Koti, lo que se pedirá de ti es que estés total y absolutamente presente en cuerpo y alma con tu atención indivisa y, sobre todo, que estés absolutamente abierto y confiado. Si no, todo lo que allí experimentes sólo será un recuerdo vacío de sustancia en tu mente, una enseñanza que no logrará coger raíces. Así que empieza a desprenderte de esa actitud desconfiada y a la defensiva, Roge.

Apenas pude terminar de escuchar las palabras de Mzé, pues nuevamente caí en un profundo sueño. Varias horas transcurrieron cuando abrí por fin los ojos. Mi cuerpo estaba dolorido por la tensión de sujetar la puerta con ambas manos. *Mister Pic* pegaba fuertes brincos desde hacía unos minutos y, al ver que la carretera estaba llena de ondulaciones perpendiculares al trazado de la misma, pregunté a Mzé si aquello era la famosa Tole Ondulée.

–Sí. Es un incordio, lo sé. Si te molesta mucho coge un cojín de la parte trasera y úsalo, te aliviará. Pronto pararemos a comer.

Me sentía más relajado y sin menos ganas de pelea, así que pregunté a Mzé cómo era la vida en Sudáfrica. En aquella época, en Europa se desconocía la situación de *apartheid* que vivían los sudafricanos de color y Mzé me explicó con todo lujo de detalles las atrocidades que se cometían en nombre de la diferencia racial. Aun así, me explicó que Koti-Koti gozaba de una situación diferente por encontrarse perdida en medio de una región poco poblada y de difícil acceso. Por las referencias algo vagas sobre su ubicación, aquella aldea parecía un poblado fantasma, un Eldorado africano. Un ave majestuosa, de largas y delgadas patas, cruzó por encima del coche y se alejó perdiéndose en el horizonte de malezas salvajes. Dejé volar mi imaginación fantaseando sobre cómo sería la vida en Koti-Koti y cuáles serían los maravillosos secretos que se ocultaban allí. ¿Estaría lleno de oro y riquezas?, pensé, dando rienda suelta a mi espíritu aventurero.

–¿Soy el primer blanco que va a Koti-Koti? –pregunté de pronto a Mzé.

El conductor me miró de reojo. Cogió mi brazo izquierdo y le dio vuelta y vuelta como si de una tortilla se tratara. Observó el color de mi piel y, transcurridos unos instantes, sentenció:

–Eres el primer hombre que pisa la aldea con la piel del color del culo de un babuino. ¡En el pueblo se reirán a carcajadas de ti!

Esta vez me reí con Mzé, y por un instante dejé de tener la sensación de que estábamos desplazándonos en círculo por una extensión de tierra mucho más pequeña de lo que a simple vista parecía. ¿Sería verdad que el trayecto duraría el tiempo necesario para abandonar ciertas actitudes?, pensé. ¿Podría acelerar el proceso yo mismo modificando esos aspectos de mi comportamiento? Evitar la Tole Ondulée, que me machaba los riñones, bien merecía el intento.

No tuve tiempo de improvisar una estrategia. Repentinamente, Mzé echó el freno al llegar a la altura de un árbol gigantesco. Tres hombres descansaban a su sombra, tumbados en el suelo mientras jugueteaban entre sus dientes con unas briznas de hierba. Parecían de lo más relajado. Supuse que Mzé los conocía porque bajó del coche y, sin mediar palabra, se tumbó con ellos imitando su postura y cogiendo él también un manojo de hierbas que mordisqueó con fruición. Los cuatro tenían la mirada perdida y sus pies descalzos apuntando en la misma dirección, hacia el sur. Me bajé del coche y, apoyándome sobre el capó, crucé los brazos y observé al grupo en silencio. Aquello era de lo más insólito. Pasaron los minutos sin que nadie se inmutara. El silencio se me hizo muy incómodo pero ni a Mzé ni a aquellos hombres pareció importarles lo más mínimo. ¿Por cuánto tiempo nos quedaríamos así, en la pasividad más absoluta? Pude oír los latidos de mi corazón, el sonido del tic-tac del Seiko de Mzé y a los cuatro hombres masticando hierba. Pero nada más. África estaba en silencio. No se escuchaba ni el aletear de un pájaro...

Transcurrió por lo menos media hora cuando de pronto, del mismo modo tempestuoso en que toda aquella situación había comenzado, Mzé se incorporó y sin decir adiós, subió al coche, arrancó el motor y proseguimos el viaje. No me atrevía a preguntarle qué significaba aquello, no fuera que con mi pregunta alargásemos aún más el trayecto, así que callé y mordisqueé yo también unas hierbas. Comenzaba a formarse una idea en mi cabeza sobre todo aquel misterioso recorrido. Mzé había señalado con ojo avizor que yo era una persona que reaccionaba mucho a lo que me decían. Igualmente había observado, y con acierto, que siempre tenía una actitud desconfiada, a la defensiva y desafiante. Ahora, también hubiera podido anotar, de haber abierto la boca, que mi curiosidad era inagotable y que además necesitaba de las explicaciones de los demás para formarme una idea de lo que estaba sucediendo. ¿Y si aquel encuentro con los tres hombres no tuviera otro significado más que el estar en comunión con ellos? Estar ahí, sin más, compartiendo un momento... Aquello tenía sentido. En África parecía que los tiempos eran diferentes a los de Europa. No había prisas ni más límites que los que impusiera el horizonte. En la libertad total, ¿por qué no podían aquellos hombres simplemente estar presentes contemplando la naturaleza sin necesidad de estar atareados? ¿Por qué todo tenía que tener un por qué en mi mente? ¿Acaso no podía aceptar y saborear el momento presente, sin más?, pensé.

–La cabeza da demasiadas vueltas, tantas como Mister Pic –dijo Mzé–. Es bueno crear espacios de silencio, espacios vacíos para no sobrecalentar la máquina de pensar.

Aquella noche, con doce horas de adelanto, llegamos a Koti-Koti. Mzé sonreía de oreja a oreja mostrando a sus convecinos los únicos cuatro dientes que, eso sí, blanquísimos, aún conservaba. Estaba visiblemente satisfecho por haber logrado traerme en un tiempo récord. Me presentó con orgullo a cada uno de los habitantes de Koti–Koti que aún permanecían despiertos. Un corro de personas curiosas abrió paso a una mujer de estatura pequeña, fuertes brazos y anchas caderas. Llevaba un pañuelo alegremente colocado sobre su cabeza, a juego con su colorido vestido. No había duda de que era la jefa, a tenor del respeto que le mostraban los demás vecinos. Era Mama Tembo. Avanzó los últimos metros que nos separaban con sus brazos extendidos, invitándome a fundirme en un gran abrazo. Me estrechó con fuerza.

–Sé bienvenido a nuestra aldea –dijo sonriente–. ¿Qué tal tienes las nalgas después del trayecto? –soltó de pronto, dándome un azote en las mismas delante de todos los vecinos, quienes rompieron a reír a carcajadas.

–Pues si comparo mis nalgas con las suyas creo que salgo perdiendo –dije bromeando sobre el solemne tamaño de sus partes traseras.

–¡Jajaja! Veo que tienes buen sentido del humor. Eso que miras con los ojos desorbitados es un culo originario de la tribu Hotentote –dijo mostrándome con descaro su posadera–. ¿Conoces esa tribu?

–A decir verdad nunca he oído hablar de ella –respondí.

–Dicen de las mujeres hotentote que tienen la capacidad de ensanchar sus partes traseras para acumular ahí la comida en caso de necesidad. Pero eso es falso. Lo que sucede es que a los hotentote les encantan los culos de sus mujeres, ¡eso es todo! Ven, acompáñame, te enseñaré la choza que ocuparás durante tu estancia en Koti–Koti.

Todo el poblado nos siguió por un sendero iluminado con antorchas hasta llegar a una choza que parecía más grande que las demás.

–Éste es mi hogar. Dormirás en la habitación de invitados –dijo corriendo una cortina de piel enganchada toscamente alrededor de un tronco de árbol, e invitándome a pasar–. Buenas noches y que descanses –dijo.

Aquella noche, a pesar de mi inquietud por compartir choza con una mujer como aquélla, mis nalgas volvieron a descansar tras el ajetreado e insólito viaje. Caí rendido.

Al día siguiente, muy temprano, me desperté con el sonido de unos murmullos. Afiné el oído y pude escuchar a Mzé y Mama Tembo, quienes llevaban ya un buen rato conversando. Sin duda el conductor había trasladado a la Jefa algún mensaje de su viejo amigo Huangzu, porque al entregarme un vaso con una bebida caliente ésta me dijo:

–Apreciamos mucho a Huangzu en este pueblo. Hizo muchas cosas por nosotros cuando lo fundamos, hace diez años. Ven, sígueme, vamos a recorrer Koti-Koti mientras te cuento nuestros orígenes.

Terminé de beber a grandes sorbos aquel brebaje dulzón a base de hierbas y salí de la choza.

Una vez fuera, el sol abrasador me cegó por un instante hasta que, por fin, logré distinguir la silueta de aquella mujer bajita y robusta. Mama Tembo me cogió del brazo y durante las dos horas siguientes me mostró a paso firme todos y cada uno de los rincones de aquel poblado africano.

Como pude comprobar, las chozas estaban hechas a base de adobe; los tejados, de paja y hojarasca entrelazadas con cuerdas y sujetas a unos postes centrales que se clavaban en el centro de la habitación principal. Cada choza contaba con su pequeño fuego y un horno cavado bajo tierra donde se cocían unas tostas de algún cereal que habían molido las mujeres durante horas a la entrada de sus casas. Todo parecía normal. Aquél parecía un pueblo normal y corriente de África, quizás un poco más pintoresco y menos invadido de objetos del mundo moderno que otros lugares. Allí, las modernidades eran las mínimas: unas tijeras, un botiquín de primeros auxilios, algunas camisetas con el cuello roído, un viejo tabloide inglés, una sombrilla de tela con publicidad de alguna bebida gaseosa, latas de comida, algunas herramientas y poco más.

Pero había algo en aquel lugar que no lograba identificar y que sin embargo me indicaba que no era un pueblo cualquiera. Intenté encontrar la respuesta a mis sospechas pero no di con ella. Seguí caminando junto a Mama Tembo con las manos en los bolsillos, observando a diestro y siniestro todo cuanto mis ojos podían escudriñar. Mis botas iban blanqueándose a cada paso por el polvo que levantaban mis inquisitivas pisadas.

–Ven, vamos a sentarnos bajo el viejo baobab. Este árbol –dijo Mama Tembo acariciando su tronco– ha sido testigo de la tremenda transformación que ha vivido Koti-

Koti en sus últimos años. Quizás sea él, más que yo, quien pueda relatarte lo sucedido, pues necesitas saberlo. La causa de tu presencia entre nosotros es que tu jefe y amigo, Huangzu, ha querido que conozcas nuestra historia. Hay en ella un mensaje para ti y para los tuyos.

Nos sentamos bajo aquel impresionante árbol de anchísimo tronco y cortas pero frondosas ramas. Se podía sentir la poderosa presencia y la fuerza que emanaba de aquel ser vivo, impasible testigo del paso de generaciones enteras de personas con sus dramas e historias. Mama Tembo cruzó las piernas, alisó las arrugas de su vestido y, perdiendo la mirada en el horizonte, comenzó su relato:

–Antes que nada he de decirte que Koti-Koti no se llamaba así y que su nombre está íntimamente relacionado con lo que voy a contarte. Hace años, nuestro pueblo simplemente se llamaba Koti. Su nombre actual, Koti-Koti, no es más que un recordatorio para que nunca más volvamos a dividirnos trágicamente, como así sucedió; también nos recuerda que, a pesar de lo sucedido, ahora tenemos la llave para mantenernos unidos. Ya no somos Koti, un simple pueblo; ahora somos Koti-Koti, un pueblo que fue uno, se dividió y por fin se reunió. Somos un pueblo reunido que ha crecido y madurado gracias al esfuerzo de todos. Un pueblo que ha superado La Gran Prueba. Pocas comunidades en África y en el resto del mundo lo han logrado, créeme.

–¿Qué sucedió?, pregunté cada vez más intrigado.

–Verás, todo comenzó hace unos veinte años. Nuestra tradición sagrada, como comprobarás en los próximos días, venera a la madre Naturaleza porque entendemos que es ella quien nos alimenta y sustenta a diario. Ponemos toda nuestra fe en que así será y así ha sido a lo largo de cientos de años. Uno de los espíritus sagrados que más veneramos es el antílope, un animal que nos recuerda la bondad de corazón de la madre Tierra. Siempre hemos realizado ceremonias en su honor y hemos respetado sus zonas de pasto, permitiendo que este animal sagrado viva fiel a su espíritu libre, sin interferir en su ciclo vital. Siempre fue así hasta que un día, allá por los años posteriores a vuestra gran guerra mundial, comenzaron a venir los hombres blancos cazadores y, hablando con los más jóvenes del pueblo, les tentaron para que les señalaran dónde encontrar a los antílopes para así darles caza. ¡La codicia, amigo Roge, es un veneno letal! Aquello causó una revo-

lución dentro del pueblo. Los ancianos se opusieron totalmente y prohibieron a los jóvenes todo contacto con aquellos blancos. Pero, como ya sabes, la presencia de todo
forastero en un pueblo aislado que avanza a su propio
ritmo, siempre supone una auténtica sacudida en las mentes de sus habitantes.

–Es cierto –dije interrumpiendo el relato de Mama Tembo–. Cuando lo nuevo hace acto de presencia ya nada puede
ser igual que antes.

–Eso mismo dijeron los blancos a un grupo de chicos
jóvenes más rebeldes y menos dispuestos a obedecer a
los ancianos –dijo la Jefa–. A cambio de ropa, una bebida
que jamás habían probado y algunos utensilios modernos,
los chicos comenzaron a servir de guías en las cacerías de
los blancos.

–¿Qué podían hacer los ancianos contra eso? –pregunté entonces.

–Los ancianos formaron un grupo con algunos jóvenes
y adultos y les entrenaron para proteger al menos el recinto más sagrado de Koti, el monte Aras. Montaron guardia y velaron día y noche aquel lugar con orden de lanzar
sus flechas en cuanto vieran a algún cazador merodean-
do. Pero las cosas no se quedaron ahí. Los blancos no sólo
trajeron cosas nocivas, como habían pronosticado los ancianos, sino que también trajeron cosas buenas que nos
serían de gran utilidad en el pueblo, como su medicina
moderna. Pero los ancianos, por miedo a ver desaparecer
sus tradiciones, les cerraron las puertas y prohibieron cualquier contacto con aquellos forasteros. No había nada que
hacer. Koti permanecería ajena a los cambios que parecían estar surgiendo en otros rincones de África.

–¿Y cómo reaccionaron los demás vecinos del pueblo?

Mama Tembo cogió del suelo una rama de arbusto fina
y delgada y prosiguió su explicación haciendo dibujos sobre la arena.

–Pronto el pueblo se dividió entre quienes apoyaban al
consejo de ancianos y quienes deseaban abrirse a un mayor contacto con aquellos extranjeros y beneficiarse de
las cosas que su mundo moderno podía ofrecer...

–Bueno, no me cuentas nada nuevo, Mama Tembo –le
interrumpí–. Estas cosas sucedieron incluso en mi país, en
los pueblos más olvidados de España. También había re-
celos a abrirse a la modernidad y con razón. Los blancos
no tenemos la culpa de todo lo que sucede, ¿sabes?

–No te tomes las cosas tan personalmente, Roge. Los cazadores sólo fueron desencadenantes de lo que sucedió en Koti. Es nuestra responsabilidad como habitantes de Koti el cómo reaccionemos ante su llegada. Y ahí estaba el problema. No supimos afrontarlo como un pueblo unido. Pero deja que siga contándote lo que sucedió –dijo la anciana respirando hondo, sobrecogida aún ante el recuerdo de los acontecimientos.

–En medio de todo aquel alboroto, Kulé se puso de parto. Era una joven muy hermosa que tan pronto se hizo mujer se casó con uno de los chicos más apuestos del pueblo, Ganu. Este joven formaba parte del grupo de vecinos captado por los cazadores blancos. A escondidas, él y un grupo de chicos habían seguido colaborando con aquellos extranjeros y habían visitado sus campamentos a una distancia del poblado de media jornada caminando. Aquel trágico día, el parto de Kulé se complicó. El bebé parecía estar demasiado enroscado con el cordón umbilical y la pobre madre pasó horas y horas de esfuerzo para conseguir que su hijo viera la luz. Ganu estaba medio loco viendo cómo la vida de su mujer y la de su hijo se le escapaba de las manos. Corrió al consejo de ancianos con las manos llenas de la sangre de su mujer y les imploró que le dejaran traer a un *brujo blanco* al pueblo, un médico quizás más capacitado que las matronas de Koti para resolver la situación. Pero los ancianos, respaldados por un gran número de vecinos, se negaron a escuchar. Aquella noche, Kulé y su hijo murieron ante la mirada desesperada de Ganu y su familia. Ganu creyó que los ancianos le habían querido castigar con aquella muerte por colaborar con los blancos, aunque en realidad no fue así. El chico se hundió en el odio, el rencor y la sed de venganza incapaz de escuchar a quienes, como yo, intentamos convencerle de que aquello no era un castigo. Cegado por el dolor y la ira, Ganu esperó el momento preciso para, una noche, deslizarse en la choza de Gembé, el jefe del consejo, y asestarle un golpe fatal en la cabeza. A la mañana siguiente, amanecimos con un asesinato en nuestras espaldas y la semilla de la sedición en nuestro corazón. Ganu y un grupo de hombres y mujeres que no estaban de acuerdo con el consejo de ancianos abandonaron el poblado y fundaron otro pueblo al que también llamaron Koti.

–¿Dos Kotis? –pregunté sorprendido.

–Sí. Aquellos vecinos y amigos que nos abandonaron pensaron que éramos nosotros quienes no estábamos siendo fieles al espíritu del poblado por haber permitido que nuestras ideas cerradas provocaran la muerte de un miembro del grupo, así que reclamaron el nombre de Koti como el de su pueblo. Desde entonces, y durante varios años, los dos poblados vivieron en estado de guerra. Siempre que nos encontrábamos, ya fuera yendo al río a por agua, ya fuera cazando, terminábamos lanzándonos piedras e insultándonos. Varios vecinos murieron así, lapidados, añadiendo si cabe más tensión y odio a nuestra pequeña y aislada comunidad.

–¿Y qué sucedió con los cazadores blancos? –pregunté.

–Los antílopes son animales de gran sensibilidad. Pronto captaron que aquél había dejado de ser su hogar y, sin más, desaparecieron para siempre. Con su desaparición, los blancos también se marcharon y nos quedamos solos, un pueblo dividido en dos por el odio y el rencor. También dejó de llover y nuestras tierras se secaron convirtiéndose pronto en estériles campos por donde caminábamos sembrando nuestra ira en sus agrietados surcos, ajenos a las señales que la madre Naturaleza nos estaba enviando para cambiar de rumbo.

–Vaya. Siento lo que os sucedió. En los pueblos de España, cuando las cosas llegan a ese punto, es mejor marcharse del lugar porque nada bueno crece cuando las cosas han llegado a tal extremo –dije recordando mil historias como aquélla que habían sembrado los valles de mi tierra de dolor y desgracia–. ¿Cómo pudisteis resolver aquello?

–Ven, sígueme –dijo la mujer incorporándose–. Voy a enseñarte algo.

A unos doscientos metros del baboab se alzaba una choza algo más grande que las otras. Por el tintinear del metal comprendí que se trataba del taller del herrero. En su interior el fuego de una gran forja albergaba las piezas que un hombre de unos cuarenta años, de gran estatura y corpulencia, esperaba calentar antes de martillar. Cuando vio a la jefa del poblado, abandonó sus quehaceres y se apresuró a acogernos en una habitación algo más pequeña, donde nos invitó a sentarnos.

–Mama Tembo, mi casa es tu casa –dijo sonriente.

–Gracias, hijo. Dile a tu joven y ágil mujer que no se esconda y que nos invite a unas bebidas –bromeó la jefa.

El hombre salió corriendo de la habitación y avisó a su mujer, quien también llegó corriendo, con tres niños enganchados a su falda. Todos se sentaron con nosotros y formamos un círculo alrededor de una mesa hecha a base de troncos de madera toscamente tallados. Respiré con cierto aire de excitación.

–Éste es mi amigo Roge. Viene de España –dijo entonces Mama Tembo, señalándome con sus manos–. Roge, te presento a Ganu y su mujer, Ama.

Por un instante me quedé sin habla y sin saber cómo reaccionar. ¿Acaso se trataba del mismo Ganu, el hombre por el que la guerra en Koti había estallado? Miré a Mama Tembo y ésta asintió con la cabeza.

–Bienvenido, Roge –sonrió Ganu–. Mi casa es tu casa, ven siempre que quieras comer un buen plato de *biltong*, nuestra carne secada a la sal.

Compartimos con Ganu y su familia un rato muy agradable. Por más que observaba a aquel hombre no lograba encontrar las huellas del dolor y el sufrimiento, las marcas del odio y la venganza. Nada. En aquel hombre no quedaba ni rastro de todo aquello. Su mirada reflejaba la alegría y la satisfacción de quien vive una existencia en plenitud.

–Ama –me dijo Mama Tembo al abandonar la casa de Ganu– es hija de Gembé, el antiguo jefe de Koti. Aunque no lo creas, este matrimonio no ha sido amañado para acabar así con las disputas. No. Guna y Ama habían perdonado ya en el fondo de sus corazones cuando el amor vino a visitarles.

–Si no lo veo no lo creo. ¿Cómo es posible que las heridas hayan cicatrizado de tal modo?

–Mañana conocerás la respuesta. He de hacer algunas cosas esta tarde y no podré estar contigo. Ve a casa, que un almuerzo suculento te espera –me dijo.

CAPÍTULO 11

Bibilok

Tenía toda la tarde por delante para descubrir qué tenía Koti-Koti de misterioso, así que me dispuse a explorar el poblado; eso sí, con el vientre aún rebosante de un exquisito *bobotie*, la versión sudafricana del pastel de carne y patata inglés.

—¿Cómo estás, Hijo del Cheetah? —gritó un vecino al otro cruzándose por la calle central.

—¡Yo muy bien, Vividor! Ven luego a mi casa a ayudarme con el tejado; se me ha deshecho con la última ventisca —le contestó el otro hombre cuyo andar, debido al balanceo de sus brazos, recordaba al del mono africano.

—¿Queréis que os ayude? —les propuse de pronto.

—Claro, siempre nos vendrá bien una mano, aunque sea la de un *blanco-culo-de-babuino* —gritó Hijo del Cheetah enseñándome su único diente.

Me eché a reír. No había motivos para sentirme ofendido de un comentario como aquel, sobre todo viniendo de otro hijo del mono. En Koti-Koti parecía ya claro que los motes, además de describir a cada persona con aguda visión, tenían cierta sorna sin por ello suponer que se insultaba a la persona.

Hijo del Cheetah vivía a las afueras del poblado. Había elegido aquel paraje algo más apartado del resto de las chozas porque le gustaba despertarse en silencio, ya que, según me contó, se había criado en el seno de una familia muy ruidosa.

Entre cinco vecinos y yo arreglamos el tejado de aquel hombre afable y risueño, que nos obsequió durante el tra-

— 153 —

bajo con innumerables bebidas y dulces preparados por su mujer, una hermosa y espigada descendiente de zulúes. Nos pasamos la tarde riendo y haciendo bromas. Cuando cayó la noche y regresé a mi choza con Mama Tembo, traía una sonrisa enorme en la boca y no me hubiera dado cuenta de ella de no ser porque la jefa me lo hizo notar, señalándome dos hoyuelos que se habían formado en la comisura de mis labios. La verdad es que hacía tiempo que no disfrutaba en compañía de otros seres humanos sin sentirme agredido, criticado, acosado o desafiado por mis semejantes. Desconociendo aún la clave de todo aquello, comenzaba a percibir los efectos de aquel misterio que reinaba en Koti-Koti, un secreto bien guardado por aquella tribu y que sin duda había contribuido a sembrar el pueblo de una atmósfera muy agradable.

Al día siguiente, Mama Tembo me llevó por un camino hacia el centro del poblado que no habíamos recorrido el día anterior.

–Deja que te cuente lo que sucedió después de la guerra entre hermanos que nos asoló durante varios años –dijo la jefa del poblado mientras seguíamos caminando–. Como recordarás, mi pueblo estaba dividido en dos y carcomido por un sinfín de sentimientos de la peor índole. La sequía se había instaurado dentro y fuera de nosotros y la fauna, antaño tan benefactora, nos abandonaba a nuestra peor suerte, dejándonos sin sustento. Estábamos desesperados. Algunos vecinos se marcharon a las grandes ciudades, poniendo fin así a los grandes sueños que teníamos en común. No teníamos futuro. Estábamos rotos. Fue en ese momento de total desolación cuando Majarú bajó de su montaña.

–¿Quién es Majarú? –pregunté, interrumpiendo su relato.

–Majarú es una ermitaña de blancas y largas melenas, vestiduras rasgadas y gran bastón, que con el tiempo fue considerada por los habitantes de ésta y otras provincias de Sudáfrica como una santona. Su sabiduría es venerada y apreciada por todos nosotros, y en más de una ocasión nos ha ayudado en momentos clave, como éste que te estoy contando. Majarú bajó un buen día de su montaña y vino a hablar con aquellos de nosotros suficientemente cuerdos todavía como para escucharla. Nos prometió que, si le hacíamos caso, el espíritu del antílope volvería a habitar estas tierras. Para ello, dijo que debíamos construir un *bibilok*, un recinto especial en el centro mismo de Koti expresamente diseñado para resolver nuestros conflictos. Durante una semana, Majarú escuchó salir de nuestras bocas todo el veneno que teníamos almacenado los unos contra los otros y, tras ello, nos enseñó cómo preparar el *bibilok* y entrenó a unos cuantos de nosotros como guardianes de aquel espacio sagrado. Llevamos utilizando el *bibilok* desde que lo pusimos en pie, hace diez años. Es un lugar creado en el mismo centro del pueblo, donde hemos de ir cada vez que nos sintamos bloqueados ante una emoción negativa que se apodere de nosotros con tanta fuerza que no podamos vivir en paz y armonía ni con nosotros mismos ni con los demás. Entonces, hemos de coger nuestro pequeño camastro y marcharnos al *bibilok* el tiempo suficiente para realizar la transformación interior que nos devuelva a nuestro estado natural de paz, amor y alegría.

–¿Cómo funciona ese sistema? –pregunté.

–La filosofía del *bibilok* es sencilla. Nuestros cuerpos son sabios y nos protegen. Uno de los instrumentos del cuerpo para hablar con nosotros son las emociones. Ellas surgen para que las sintamos y así recibamos el mensaje que nos están transmitiendo, un mensaje que es nuestra verdad, lo que sentimos realmente en el fondo de nuestro ser y que solemos ocultar porque socialmente no es conveniente ni aceptado, y porque nos dan miedo nuestras emociones. Si logramos ser honestos con nosotros mismos y escuchamos ese mensaje, y somos capaces de poner remedio a los problemas que sufrimos relacionados con esa emoción, entonces nos liberamos y nos curamos. Pero, como sucede en la mayor parte del mundo, el ser humano tiene miedo de las emociones y, por ello, intenta rehuirlas a toda costa, ignorando así que esas emociones son nuestras aliadas al igual que nuestro cuerpo físico, y nos están dando una información vital. Ignorando la emoción, que es un síntoma de que algo nos sucede y no somos capaces de verlo, estamos, sin darnos cuenta, enquistando la causa de nuestro problema y ocultándolo sin poder ver claramente cuál es nuestra verdad, cuáles son nuestros verdaderos sentimientos y por qué los tenemos. Así, las emociones no escuchadas se convierten en fantasmas que nos persiguen a lo largo de toda nuestra vida y que buscaremos sofocar por medio del alcohol, otras drogas o la negación de lo que nos sucede.

–¿Y por qué crees que tenemos miedo a nuestras emociones, Mama Tembo?

–Porque en general nuestros educadores tienen miedo de sus propias emociones; nadie nos ha educado para sentirlas libremente y a menudo nos sentimos culpables de sentir ciertas sensaciones incómodas. Las emociones a veces nos hacen señalar con el dedo acusador a tal o tal persona como responsables de nuestro sufrimiento, y, o bien somos demasiado pequeños para defendernos ante una injusticia, o todo nuestro entorno, por intentar mantener una paz falsa, deseará que nos callemos y reprimamos esa emoción «incómoda».

–¿Hipocresía?

–Pues sí. Es una forma de hipocresía social y familiar que de alguna forma se deriva del miedo a sentir nuestras emociones.

–¿Y crees entonces que todos los problemas de Koti se debían a esto? ¿Qué hizo entonces Majarú para resolver todos los conflictos que os asolaban? –pregunté de nuevo.

–Majarú sospechaba que el miedo a las emociones estaba en la raíz de nuestro problema, y también sabía hacia dónde se encamina un pueblo que vive la Falsa Paz: hacia su destrucción. Por ello, estableció que, dentro del *bibilok,* los lazos entre las personas no existirían. Nos hizo aceptar que todo aquel que estuviera dentro del recinto sería considerado como una persona temporalmente libre de ataduras familiares, amistosas o de enemistad. En el *bibilok* no hay ni padres, ni madres, ni hijos, ni maridos, ni esposas, ni nietos, ni amigos, ni enemigos. Sólo hay personas. Los problemas tratados aquí no son posteriormente debatidos en el seno de la familia para no intimidar a los más pequeños. Con ello lo que pretendía Majarú era liberarnos temporalmente de los apegos y miedos o relaciones de poder que surgen entre miembros de una familia o entre pandillas de amigos o enemigos. Dijo que así estaríamos más dispuestos a enfrentarnos a nuestra verdad, sin temor a hacer daño a otros miembros de la familia o a sufrir una condena por parte de una madre, un hermano o un primo.

–¿Pero cómo el dejar de lado a las familias o amigos puede resolver las cosas?

–El *bibilok* es como un espacio de cariño y seguridad necesario para que cada persona herida emocionalmente pueda buscar en el fondo de su ser, y con la ayuda de personas que sepan escuchar con amor, respeto y comprensión, la causa que ha motivado estas emociones que le provocan tanto dolor o le empujan a lastimar a otras personas innecesariamente. El *bibilok* es un lugar para conocer la verdad sobre nosotros mismos permitiéndonos experimentar esas emociones y comprender su porqué. Es un lugar donde se requiere un cierto grado de valentía, de querer conocer nuestros sentimientos y emociones reales, para no caminar por la vida mintiéndonos a nosotros mismos, disimulando nuestro dolor y separándonos de nuestro cuerpo y nuestras emociones, cerrando nuestro corazón a causa de esa represión autoimpuesta.

–¿Y cómo encuentras esa verdad en tu interior? Y, más grave aún, ¿qué sucede cuando la verdad de uno choca con la verdad de otro?

–Encontramos nuestra verdad siguiendo el rastro de las emociones y recorriendo nuestro pasado en busca de las causas que puedan esconderse en la memoria del niño que un día fuimos. La mayoría de los problemas a los que nos hemos enfrentado en el *bibilok* han estado relacionados con la infancia y el maltrato que hemos recibido de nuestro entorno más próximo. La verdad de uno no choca con la verdad de otro cuando ambos se reconocen el derecho a sentirse heridos y dolidos por algo que haya sucedido. Ahora bien, después de ese reconocimiento mutuo básico, es bueno que ambos busquen fórmulas para poder convivir en paz sin volverse a herir.

–Pero ¿qué puede tener que ver la infancia de alguien con las peleas que tuvisteis después en Koti con los cazadores blancos y la división del pueblo? –quise saber.

–De niños, pocas familias alientan a sus hijos a expresar sus emociones verdaderas, porque generalmente sus padres tampoco fueron autorizados por sus propios padres a expresarlas. Se forma así una cadena de represión emocional que va infectando nuestras relaciones con las demás personas y cegándonos emocionalmente. No pudiendo expresar nuestras emociones en un entorno donde la comunicación emocional es alentada, vamos almacenando sentimientos de culpa, violencia, miedo y frustración en nuestros cuerpos, que saltan a la primera ocasión que tengamos de poder dar rienda suelta a estas emociones difíciles de aceptar socialmente. Y generalmente las personas más inocentes pagarán las consecuencias de nuestra violencia reprimida. Guna asumió que el jefe

Gembé se había negado a permitir la entrada en el poblado de los médicos blancos para castigar a Guna por haber
infringido las normas e ir a cazar con ellos nuestro animal
sagrado. Esta falta de comunicación emocional y sincera
entre personas fue la que provocó la guerra. Todos comenzamos a asumir lo que los demás pensaban de nosotros en lugar de hablarlo en un ambiente pacífico. No po-
díamos soportar nuestras heridas emocionales porque
nuestro dolor hacía sentirse atacadas a otras personas, y
el esfuerzo por reprimir todo aquello estalló finalmente en
una guerra descontrolada y desproporcionada.

Guardé silencio. Las palabras de Mama Tembo estaban
acercándose peligrosamente a mi propia infancia, cuyo
recuerdo deseaba mantener oculto y bien atado en el fondo de mi ser. Ella debió notar mi creciente incomodidad,
pero, quizás ignorándolo, prosiguió:

–La filosofía del *bibilok* es que cada uno de nosotros
puede liberarse emocionalmente. Si te han insultado y tú
sientes rencor, ira o tristeza, tienes la capacidad de curar-
te a ti mismo cuando tomas responsabilidad de tus reac-
ciones y de esos sentimientos que llevas dentro, buscando
cuál es su origen verdadero. La filosofía del *bibilok* estriba
en que tienes todo el derecho a sentirte como te sientes,
no hay nada malo en ello siempre y cuando eso no se
convierta en una trampa de la que no puedas salir. Si te
sientes atrapado en una emoción y no quieres que se
enquiste en tu interior, te paralice y provoque conflictos
sobre todo contigo mismo y después con tu familia, amigos y vecinos, has de hacer algo, has de ʻ*bibilokear*ʼ. Todo
el pueblo tuvo que buscar en el fondo de su corazón cuál
fue la causa que provocó la guerra en Koti.

–¿Qué significa ʻ*bibilokear*ʼ? –pregunté entonces, rescatando a la mujer de sus propios pensamientos.

–ʻ*Bibilokear*ʼ significa aquello que Huangzu quiso que
aprendieras de nosotros. Dice que serás un gran marinero
si decides seguir con esa profesión que ejerces ahora, pero
que no sabes nada de navegar en otras aguas que sin
embargo te afectan profundamente: las aguas de tus emociones. ʻ*Bibilokear*ʼ significa que una vez que hayamos
descubierto cuáles son nuestras emociones y sentimientos verdaderos, sabremos ser responsables y navegar en
las aguas emocionales como auténticos peces, desplazándonos de una emoción a otra hasta que alcancemos nuestro estado natural de ser, es decir: felices. Pero ʻ*bibilokear*ʼ

significa también que durante todo el proceso estás queriéndote, aceptándote y permitiéndote a ti mismo experimentar y sentir realmente todas y cada una de las emociones que afloren en ti, sin sentimientos de culpa, porque
no hay nada malo en sentir enfado, ira, cólera, tristeza o
dolor. Nadie puede ni debe condenarte por sentir lo que
sientes, aunque si te identificas con esas emociones y crees
que tú eres la ira, el enfado, el odio o el rencor, entonces
estarás atrapado en una emoción, y el *bibilok* fue diseñado por Majarú precisamente para ayudarnos a salir de esas
trampas y prisiones emocionales.

–¿Me quieres decir que si nos insultan o agreden nosotros somos culpables de los sentimientos que alberguemos
a raíz de ese ataque? –pregunté sorprendido.

–No. Ser responsable de lo que sucede en tu interior
no significa ser culpable. Ser responsable significa que
aunque te insulten o te agredan, tú siempre tienes el poder y el mando, la capacidad de operar cambios en tu
interior y que, por ello, nunca eres una víctima de tus
circunstancias. Eres un león y has de reinar en tu reino –
afirmó la mujer, clavando sus ojos de fuego en los míos–.
Y para reinar en tu reino has de encontrar la verdad. ¿O
acaso pretendes que reinen otros o, peor aún, que reine la
mentira en tu interior? Más de una civilización se ha des-
truido precisamente así, porque sus ciudadanos dejaron
de ser los gobernantes de su propia casa interior y dejaron que otros ocuparan ese lugar. Entregaron su poder
personal, su voz de mando y su verdad a otros, y fueron
destruidos. No permitas que eso te suceda, Roge.

Medité sus palabras en silencio durante el resto del
camino. Ella tenía razón.

El camino arenoso que habíamos tomado para llegar al
centro del poblado, flanqueado por sendas filas de arbustos, terminó abruptamente a la entrada de un recinto
amurallado que no había visto durante mis paseos el día
anterior. Una enorme puerta de madera exhibía un letrero
que en idioma nama decía lo siguiente: *«TODO LO QUE
TRAIGAS AL BIBILOK HAS DE DEJARLO AQUÍ».* No llevaba
nada en los bolsillos, así que me sentí tranquilo.

Una sonriente mujer de unos treinta años, con un bebé
sujeto a su espalda gracias a un intrincado sistema a base
de varios trozos de tela multicolor entrelazados, nos abrió
la puerta. El interior de aquel lugar era similar al de una

plaza de toros, a excepción de que en la arena central se alzaban unas chozas.

–Ven, sígueme. Quiero que veas algo –dijo Mama Tembo.

Seguí a la jefa hasta el interior de una de las chozas. El pequeño habitáculo estaba a oscuras y me costó distinguir la silueta de unos hombres sentados de cuclillas, con los brazos cruzados colgando sobre sus piernas. Aquélla me pareció una postura muy dejada. Tenían la mirada perdida en algún punto del suelo.

–Este hombre, a tu derecha, es Ngozué. Lleva dos años atrapado en la ira y el enfado. No quiere salir de ahí.

–¿Por qué está en ese estado? ¿Qué le sucedió? –pregunté, aun temiendo escuchar la más devastadora de las experiencias.

–Su mujer encontraba placer en compartir su lecho con otros hombres y se quedó embarazada de uno de ellos. Ngozué no pudo soportar tanto dolor y humillación. Lleva dos años encerrado en el *bibilok*. No quiere salir de aquí. Es nuestro caso más extremo pero es un caso bien real, que afecta a muchas personas en el mundo que, sin embargo, no son capaces de reconocer que viven atrapadas en la cárcel de la ira, del odio o del rencor. Esas prisiones emocionales son tan impenetrables que a menudo nos impiden superar lo sucedido, seguir adelante y recobrar nuestra felicidad perdida. Nos tienen paralizados, congelados, solidificados en esa emoción básica, y no nos dejan salir de ella. Al contrario, nos sentimos obligados a alimentarla a diario, identificados tan intensamente con ella que creemos que somos la ira, somos el odio y somos el rencor. Ésa es la aberración máxima a la que podemos llegar. Creernos que somos esa emoción que se ha apoderado de nosotros y cuya presencia en nuestras vidas defenderemos a capa y espada porque su ausencia podría suponer nuestra muerte. Nos hemos identificado tanto con esa emoción que pensamos que, si desapareciera, nosotros mismos podríamos desaparecer. Por eso algunas personas se aferran a esas emociones como si de un bote salvavidas se tratara.

–Se me ponen los pelos de punta al escucharte decir esto, Mama Tembo –dije, sobrecogido ante su exposición.

–A mí también, no creas. Pero esas cárceles emocionales nos afectan a todos en grados diversos, y a menudo son tan sutiles que caminamos por la vida tranquilamente pensando que estamos libres de ese tipo de conflictos internos cuando, en realidad, seguimos atrapados en nuestra peculiar cárcel pero tenemos adormecidos los sentidos, fruto del dolor, y ya no sabemos distinguir entre lo que se siente al ser realmente feliz y lo que se siente al simplemente sobrevivir.

–¿Y cómo estáis ayudando a Ngozué?

–Ante todo, creando para él un ambiente de amor, comprensión y ausencia de crítica y condena para que pueda expresar libremente sus sentimientos; pero nos está costando que salga de esa prisión en la que se siente –admitió la jefa–. Aun así confiamos en que podamos hacerle moverse poco a poco y salir de su particular bloqueo.

Mama Tembo tiró de mi camisa y me sacó de la choza. Sin mediar palabra me hizo sentarme con las piernas cruzadas en un corro de personas que, como yo, adoptaban la misma postura. Ella misma se sentó a mi lado. En el centro de aquel círculo, una mujer joven, cabizbaja, estaba sentada jugueteando con unas piedras. Los miembros del corro le estaban gritando insultos de todo tipo que se veían interrumpidos por las risas de algunos. Otros incluso le lanzaban cáscaras de plátano:

–¡Bola de grasa de mandril!

–¡Cactus podrido y meado por el Cheetah!

–¡Menudos mangos más feos tienes! ¿Quién se casará contigo?

–¡Tienes la piel más fea que el babuino que se atrevió a entrar en la cocina de Bambagué y salió con la marca de la sartén estampada en el culo!

Observé todo el tiempo el rostro de aquella joven. Parecía que se contorsionaba en un gran esfuerzo por reprimir sus emociones. Cuando escuchó el último de los insultos, unos enormes dientes blancos aparecieron entre sus carnosos labios y la joven, por fin, estalló en una solemne risotada que contagió a todos los presentes. Por unos minutos todos rompimos a reír desde lo más profundo de nuestras barrigas, dando así rienda suelta a ese gesto tan liberador que es la risa.

–Ya está bien –dijo Mama Tembo disolviendo el círculo–. Está claro que estás definitivamente curada, Nabilé. Ven al *bibilok* a reírte de tu sombra siempre que lo necesites, pero en el pueblo ¡camina pisando fuerte y llevando con orgullo tu cuerpo lozano! Y, sobre todo: ¡no te tomes las cosas tan personalmente!

La jefa observó marchar a Nabilé, quien trotó alegremente hacia la salida. Entonces, girándose hacia mí, me pellizcó el trasero y me guiñó el ojo. Nos dirigimos cogidos del brazo hacia el otro extremo del recinto. Entramos en una choza. Allí, unas ocho personas estaban en cuclillas alrededor de un fuego que iluminaba el rostro de un hombre con semblante abatido. Todos los del corro hablaban casi al mismo tiempo, formando una algarabía en tono plañidero que no conseguí entender hasta que, nuevamente, Mama Tembo me tradujo:

–¡Ayyy, qué desgracia lo que me sucede! Hoy ha salido el sol un poco más tarde... ¡Qué mala señal! –decía uno.

–¡Fíjate que mi hermano ha pasado junto a mi casa y no me ha saludado, qué desgracia! –se quejaba otro.

–Lo vuestro no es nada en comparación con lo mío. Siempre quise ser jefe y en este poblado sólo hay una jefa, Mama Tembo –decía otro mirando de reojo a la jefa.

–Bah, eso no es nada; fíjate que todas las mañanas me quedo sin desayunar porque no consigo levantarme a tiempo –dijo otro.

El hombre hacia el cual todos esos quejidos y lamentos iban dirigidos permanecía en silencio, escuchando. Parecía que con cada frase algo en su interior iba cambiando, aunque aquello era difícil de adivinar, ya que no parecía ser un hombre muy expresivo. Abandonamos la choza.

–Esto en mi pueblo se llama curar a la persona por puro aburrimiento –dije.

–Es cierto. Hay personas que pierden tanto la perspectiva de sí mismos que, para empezar a abrirse a sus propias emociones, necesitan un tratamiento de choque. Y qué mejor que darles una dosis mínima de su propio veneno para que se den cuenta de lo que están haciendo a diario consigo mismos y con sus seres queridos –contestó la jefa.

Miré alrededor del *bibilok* y vi que las personas que durante la mañana habían estado ayudando a aquellas más necesitadas se disponían a marcharse. Me pregunté si aquello formaba parte del plan.

–Majarú nos dio una gran variedad de técnicas. Después de ayudar a las personas que se alojan temporalmente en el *bibilok,* nos marchamos para permitirles que digieran e integren lo que han vivido en estas prácticas o ejercicios. Volveremos mañana –me dijo la jefa, indicándome con un gesto de la mano que debíamos dirigirnos, como los demás, hacia la salida.

Cuando nos encontramos en el umbral del gran pórtico, a punto de franquearlo, Mama Tembo se giró hacia mí y clavó sus ojos en los míos. Durante unos segundos que me parecieron interminables, un sinfín de imágenes pasaron de sus ojos a los míos. Sentí como si antes de llegar a África ya conociera a esta mujer, como si mi vida entera hubiera sido soñada en alguna cueva lejana y ahora simplemente estuviera materializándose ante mis ojos. Pude vislumbrar que un día escribiría un libro sobre Koti–Koti y que todas las experiencias de mi vida estarían tejidas por un hilo invisible, uniendo cada uno de los capítulos de mi existencia en un tapiz multicolor que daba sentido a todo lo vivido. Pude ver mi pasado y mi futuro en aquella mirada fugaz de esa mujer de sabia presencia, y cuando por fin la intensidad de aquella mirada de luz se disipó, aquellas visiones se fueron borrando de mi retina hasta desaparecer en el cielo de mi memoria.

–No, Roge: tú no vienes conmigo –me dijo entonces Mama Tembo, posando su mano derecha sobre mi corazón para detenerme.– Tienes que quedarte en el *bibilok.*

–¿Por qué, qué sucede? –pregunté entonces, aún transpuesto por la experiencia y asustado por verme repentinamente forzado a permanecer en aquel lugar.

–¿Recuerdas el cartel de la entrada de este recinto? Dice así: «*Todo lo que traigas al bibilok has de dejarlo aquí*».

–Sí, lo recuerdo bien –dije sacándome las manos de los bolsillos–. Y no traigo nada conmigo, Mama Tembo, ¡lo juro! –exclamé.

De nuevo aquellos ojos volvieron a hablarme en silencio. Comprendí que aquella frase no iba dirigida a quien trajese algún objeto material al *bibilok,* sino a quien trajera un fardo, una maleta invisible cargada de emociones difíciles de aceptar y de procesar. Mama Tembo volvió a decirme con sus ojos que yo tenía que enfrentarme a mi verdad y que debía mirar el contenido de esa maleta que había cargado conmigo desde hacía años; ésa que, sin embargo, me negaba a descubrir y a aceptar como mía. Me abrazó y suavemente me empujó hacia el interior del *bibilok.* Permanecí allí, en silencio, viendo cómo las dos grandes puertas se cerraban creando una enorme sombra que pronto se cernió sobre mí. Me sentí prisionero y mi corazón comenzó a encogerse.

Me quedé unos segundos de pie, de espaldas al *bibilok,* intentando calmar mis nervios y recomponerme. Sequé, con las mangas de la camisa, las lágrimas que, silenciosas e imprevistas, se habían desprendido de mis ojos, y fui girando lentamente hasta encontrarme frente a la plaza circular. Fue entonces cuando lo vi.

–¡Goyo! ¡Goyo! –gritó de pronto la madre del chico. El joven pegó un brinco sobre su asiento y, del susto, pulsando sin querer el ratón, hizo 'doble-click', cerrando así el programa CQP 1.0.

–¿Qué quieres, madre? –gritó Goyo, bastante enfadado por haber sido interrumpido de aquella forma tan brusca, precisamente en ese momento tan especial del relato de Roge.

–¿Estás entre los vivos o entre los muertos, hijo? Llevas toda la mañana estudiando en tu cuarto y ya no sé si estás con nosotros o te has desvanecido.

–Estoy bien, mamá, no te preocupes.

–Pues ven a poner la mesa, anda. Que va a llegar tu padre con hambre y ya sabes, cuando le empiezan a sonar las tripas parece que se acuerda de soltar sus peores palabrotas, pinchándonos para que le sirvamos la comida como si fuéramos sus esclavos –gritó Mercedes, acercándose por el pasillo hasta la habitación de Goyo.

–En serio, ¿estás bien? –volvió a insistir, abriendo la puerta y mirando a su hijo mayor con auténtica devoción.

–Que sí, mamá, que estoy bien –suspiró Goyo, atrapado ahora entre los brazos de su progenitora.

–Ayyyy, te quiero, te quiero, te quiero… ¿Lo sabes, verdad? –le achuchó.

–¡Mamá! ¡Déjame en paz! ¡Que sí! –exclamó el chico, escapando de aquel sofocante abrazo.

–¡Ay, qué arisco eres, por Dios! –dijo su madre, alisándose la falda y la camisa arrugadas con tanto arrumaco–. Ven, ayúdame a poner la mesa.

Comer, comer, comer. Cuchara va, cuchara viene. Silencios rotos por algún comentario: en general, las mentes de los comensales, cada una perdida en su propia divagación. Sobre aquella mesa, aquel martes, día festivo, podría decirse que no había nadie más que cuatro cuerpos ausentes, cada uno enfrascado en sus propios pensamientos. Era fácil adivinar en qué pensaba Goyo, en qué pensaba Mercedes y en qué pensaba Juan, su padre... Pero, ¿y la pequeña Laura? ¿En qué podía estar pensando tan enfrascada la pequeña de la familia como para que la cuchara se deslizara de sus dedos y repiqueteara sobre el plato de porcelana sin que la niña se sobresaltara, ¿en algún juguete? ¿o es que simplemente estaba imitando a los adultos?

Goyo terminó de comer y recogió rápidamente la mesa sin protestar. Enchufó la cafetera y preparó el café que sus padres solían saborear después de comer. Limpió la encimera con una bayeta azul, y cuando por fin la cocina estuvo medianamente recogida, el chico se escabulló de nuevo a su cuarto. Cerró la puerta y suspiró. ¡Por fin a solas para continuar con CQP1.0! Estaba realmente subyugado por aquella aventura africana de Roge. Le fascinaban los relatos sobre países lejanos y, olvidando que hacía tan sólo unos días había deseado ser maestro de artes marciales, hoy se prometió encontrar una profesión que le permitiera viajar tanto como Roge lo había hecho. Estaba muerto de curiosidad por saber qué era lo que había aparecido en el centro del *bibilok* en el preciso momento en el que Roge se dio la vuelta tras cerrarse las puertas. Goyo parecía adivinarlo, pero no quería esperar mucho para descubrirlo, así que arrancó de nuevo el ordenador y dejó que el disquete con CQP1.0 se desplegara ante sus ojos. Por fin, leyó con avidez:

Ahí estaba, en medio de la plaza, surgido de la nada y aparecido como por arte de magia: un baúl de piel de ésos que usaban los viajeros decimonónicos para recorrer el mundo en el confort de las diligencias o los trenes de antaño. Me froté los ojos. Las palabras de Mama Tembo habían cobrado vida nada más irse y dejarme allí, solo, frente a lo desconocido. Me acerqué al baúl pero antes de inspeccionarlo, por temor, decidí sentarme junto a él y pensar un poco en todo lo que acababa de sucederme.

Allí me encontraba yo, en aquel momento que presentí tan crucial, enviado por Huangzu al corazón de un lugar perdido de África, prisionero temporal y por motivos de salud emocional en un recinto amurallado donde debería enfrentarme a la pesada carga que, según la jefa de este poblado, me sofocaba e impedía vivir una vida feliz. Una pesada carga no reconocida por mí y que, sin embargo, se encontraba simbólicamente representada en un baúl que había surgido súbitamente, ahí mismo, delante mío. Sin duda aquello sería parte del proceso del *bibilok* y de las técnicas de Majarú, pensé.

«Abre el baúl y acaba de una vez con esto», escuché en mi interior. Aquella voz angustiada que me gritaba desde el fondo de mi ser parecía desear poner fin a todo aquello. ¿Por qué tantas prisas?, pensé.

«Ábrelo y larguémonos de aquí», volvió a insistir.

Me acerqué al baúl y lo acaricié con mis dedos, recorriendo suavemente cada uno de los surcos causados por el desgaste y el trajín. Al hacerlo, un torbellino de emociones me inundó y me vi arrastrado por los canales de mi memoria hasta darme de bruces con mi pasado, aquel pasado que había querido olvidar con tanto esfuerzo y suprimir de mi memoria. Mi madre estaba preparando la cena. Estaba de espaldas pero pude sentir su angustia sabiendo que pronto, por aquella puerta de madera vieja y roída, entraría su marido, Esteban: aquel hombre que nos aterrorizaba con su sola presencia, con su solo aliento teñido de aguardiente, a veces de whisky. Entonces, la puerta se abrió, no sólo una vez sino cientos, y pude ver por espacio de unos minutos todas y cada una de las escenas de mi infancia que tanto me asustaban. Vi las manos de mi padre alzarse una y cien veces contra mi madre, contra mí, contra mis hermanos, y cómo, al abatirse sobre nosotros con toda su corpulencia, se cernía la oscuridad más inexpugnable, dejándome totalmente ciego y desorientado.

Quise retirar la mano del baúl pero algo me impidió hacerlo. Respiraba con dificultad, sofocado por la angustia. Mis ojos, casi desorbitados por las visiones, estaban clavados en el baúl, incapaces de apartarse, como hechizados. Sumido aún en la oscuridad causada por las agresiones de mi padre, pasé entonces del miedo más atroz a la ira más incontrolable. Sentí cómo mi estómago se llenaba de fuego, un fuego que invadía todo mi ser, hirviendo la sangre y empujándome a desear morder y pegar a todo aquel que se acercara a mí. Me sentí como un animal salvaje enjaulado y rabioso. Intenté de nuevo separar mis manos del baúl, pero éstas seguían adheridas ahí, anclándome así a la experiencia que estaba recordando. Entonces sucedió algo con lo que no contaba. Las imágenes dieron paso a una escena que no reconocí porque nunca la había vivido. Vi a mi padre, con un aspecto mucho más joven y saludable, encaminándose hacia las minas de carbón. Vi cómo cada día hacía cola para obtener un trabajo y cómo a menudo le rechazaban, volviendo con las manos vacías a casa, donde mi madre, embarazada, enferma y en la cama, maldecía desconsoladamente su hambruna. Entonces sentí su desesperación y angustia y cómo, acongojado, se marchaba en silencio por el sendero del bosque hasta llegar al pueblo, donde el dueño del bar le invitaba de vez en cuando a un trago. Le vi beber, sin placer alguno, buscando saciar con ese trago el gran dolor que le causaba ver a su familia sufrir. Mi corazón se ablandó. Por primera vez en mi vida pude ver a mi padre con otros ojos. Aun así, algo en mi interior seguía rebelándose contra aquella forma de violencia familiar. ¡No había excusas para aquello! Su familia no era culpable de las dificultades que tenía para encontrar un empleo. No había justificación para esa violencia. Y sin embargo algo en mi interior había cambiado. Vi a mi padre como una víctima más de la larga cadena de explotación, miseria e ignorancia que ha asolado mi país y a otros muchos lugares de la tierra. De pronto, me sentí tranquilo y mi respiración volvió a calmarse. Mi padre estaba atrapado, prisionero él también de sus acciones, de su pasado y de su ignorancia, incapaz de buscar soluciones diferentes a los viejos males de antaño.

Mis dedos seguían clavados en aquel baúl como si estuvieran recibiendo información de aquel objeto mágico. Un sentimiento de comprensión y de amor brotó en mi corazón. Me puse a llorar desesperadamente. No había remedio a todo lo vivido. No había solución. El pasado seguiría siendo el horrible pasado. ¿Qué podía hacer yo para evitar tanto dolor? Lloré desconsoladamente hasta que, por fin, mis ojos lograron escabullirse del hipnótico baúl y, como dirigidos por otra persona que no era yo, fueron a posarse sobre la arena, donde pude leer en mi idioma la palabra: «*Perdona*».

Me resistía a perdonar a mi padre. Perdonarle sería como rendirme y traicionarme a mí mismo. Sería como reconocer que es posible que se cometan injusticias que no serán castigadas en nombre de injusticias anteriores que tampoco fueron castigadas. ¿Dónde quedaban pues los derechos de las víctimas de la injusticia? Me negué a perdonar. En ese momento comencé a sentir un peso en mi espalda, como si llevase un fardo a cuestas. Me giré y vi que era el baúl. Sin darme cuenta había desaparecido de mi vista y ahora se había colocado a mi espalda y me aplastaba con su gran peso. ¿Significaba eso que para liberarme de ese fardo debía perdonar a mi padre?, me pregunté entonces. Nada: el silencio y el peso fueron mis dos únicas respuestas.

Me sentí paralizado. Ahora sí que la había liado buena. Miré a mi alrededor para ver si encontraba a alguien en el *bibilok* dispuesto a ayudarme con aquel baúl que comenzaba a hacerme verdadero daño.

Entonces reparé en que, justo en el umbral de una de las chozas, había un viejecito con taparrabos, sentado con las piernas cruzadas, mirando en dirección a mí.

—¡Quíteme este baúl de la espalda! —le grité.

El hombre pareció mirarme con detenimiento, al tiempo que comenzó a trazar líneas en el suelo con un palo.

—Te propongo un trato: me llevaré el baúl a cambio de tus ojos —dijo entonces, mirándome con esa mirada vacía e impenetrable que poseen algunos ciegos.

—¿Cómo dice? —pregunté sin dar crédito a lo que acababa de oír.

—Tus ojos por el baúl —insistió.

—¿Cómo voy a darle mis ojos? ¿Está usted loco? —le increpé.

—Ni usas ni sabes usar tus ojos, así que, ¿para qué querrías conservarlos? Te estoy proponiendo un buen trato —dijo.

—¿Por qué dice que no sé usar mis ojos? —pregunté, cada vez más enfadado con aquel viejo.

—Ni siquiera has leído correctamente la palabra que tienes ante ti, escrita en el suelo.

Volví a mirar, y entonces leí: *«Perdónate a ti mismo».*

El corazón me dio un vuelco. ¡Claro! ¡No me estaba perdonando a mí mismo!

Cerré los ojos y caí de rodillas. El baúl se encontraba de nuevo ante mí y, si bien había dejado de dolerme la espalda, una presión en las manos me atraía irresistiblemente a tocar aquel contenedor. Cuando lo hice volví a sentirme transportado a mi pasado, reviviendo todas aquellas emociones que no había querido volver a sentir ni aceptar. ¿En qué modo no me estaba perdonando a mí mismo?, me pregunté entonces.

–Es muy difícil perdonarse y aceptarse cuando uno cree haberse fallado a sí mismo y a sus seres queridos, ¿no crees? –me preguntó entonces el anciano, que seguía observándome con su mirada ciega.

Aquellas palabras me hicieron viajar aún más hacia mi interior, por un oscuro túnel que desembocó en mi dormitorio, ese pequeño cuartucho frío y de colores desteñidos por el tiempo y la suciedad que solía compartir con mis tres hermanos menores. Estaba sentado en un taburete y le daba patadas a una de las patas de madera, en un movimiento obsesivo. Parecía estar absorto en mis pensamientos. Vi mi cara marcada por los moratones, una mirada llena de odio y rencor y mis puños agarrotados. Sentí un gran dolor y muchas ganas de abrazar a ese niño que un día fui. Entonces comprendí que ese odio y ese rencor que guardaba desde hacía tantos años en mi corazón, impidiéndome ser feliz, no iban solamente dirigidos hacia mi padre por maltratarnos, sino sobre todo hacia mí mismo por no haber hecho nada por defenderme y defender a mi madre y hermanos. ¡Me estaba torturando a mí mismo con los crueles reproches que había escuchado pronunciar contra mí, en su desesperación, a mi propia madre!

Rompí a llorar comprendiendo por fin que poco podía hacer un niño de esa edad contra las acciones de un adulto. Las lágrimas bañaron todo mi ser y sentí que, de alguna forma mágica, esa comprensión estaba llegando a ese niño que existió un día y que todavía hoy se encuentra dentro de mí. Lloré y lloré. Lloré todos los ríos del mundo, que se vaciaron en mi ser lavando mis heridas y aquellos juicios sumarios que había emitido sin abogado defensor contra mí mismo: ¡Me había perdonado! ¡Por fin me había perdonado! Las compuertas de mi ser se abrieron, y por fin mis manos se separaron del baúl.

Cuando abrí los ojos, vi que el candado que hasta entonces había mantenido sellado aquel contenedor estaba abierto. El viejo se hallaba frente a mí, apoyándose en un bastón; con el rostro expectante, me dijo:

–¿Hacemos pues el canje? ¿Me das tus ojos a cambio de que me lleve el baúl y te libere de su peso?

Sonreí. En ese instante sonreí lleno de confianza y seguridad.

–No. No acepto tu canje. No te daré el baúl. Quiero ver lo que contiene –le respondí.

El viejo sonrió.

–Ábrelo, pues. Te lo has ganado. El baúl no volverá a pesarte nunca. Sólo te queda una cosa por hacer... –dijo.

No escuché sus últimas palabras. Había abierto el baúl y la luz que de allí surgió eclipsó todo lo demás.

CAPÍTULO 12

LA NORIA

El puñetazo que pegó Goyo sobre la mesa sacudió el ordenador e hizo levitar algunos papeles que flotaban desordenados sobre el escritorio. «¡No me lo puedo creer, lo ha vuelto a hacer!», exclamó el chico. Su dedo golpeó y golpeó el ratón para que éste se deslizara sobre el resto del programa CQP 1.0 en busca de alguna explicación. Nada. Roge le había dejado, una vez más, con la miel en los labios. Se prometió arrinconar al jardinero en el colegio y someterle a un tercer grado. ¿Qué había dentro del baúl?, se preguntó una y cien veces durante aquella noche, hasta que por fin, agotado, cayó rendido sobre su cama.

Se despertó quince minutos más temprano de lo que solía hacer antes de haber conocido a Roge, Lika y CQP. Ahora, desde hacía unas semanas, Goyo practicaba los ejercicios que le habían recomendado. Le empezaban a gustar, ya que le dejaban durante todo el día con una sensación de maestría y dominio físico. El ejercicio de la esfera o *los siete dragones* sin duda le estaba ayudando a incrementar la confianza en sí mismo. Sentía que de alguna forma esos movimientos circulares formando una esfera a su alrededor y acompañados por una respiración profunda, le ayudaban a conectar con su fuente de poder personal. Sus piernas flexionadas parecían haber ganado fuerza y flexibilidad, capaces de soportar su peso y de ayudarle a desenvolverse en la vida.

Los Toques Mágicos seguían en el bolsillo del chico, como su mejor herramienta para disolver todos esos incómodos sentimientos que antaño le abatían tanto. Goyo había seguido los consejos de Lika y se había aplicado los Toques a todos los insultos con los que Rafa y sus compinches acostumbraban a atosigarle.

Pero, además, Goyo había ido más lejos que Lika y que CQP, y había diseñado unas frases que aplicaba junto a los Toques Mágicos con el fin de no olvidar que, de ser atacado por Rafa, no caería nuevamente en la trampa mental del chico. Solía repetirla a menudo a lo largo del día para afianzarla en su mente: «*Aunque Rafa me ataque otra vez, no tengo porque creerme su proyección mental y soy libre de actuar como mejor me convenga*».

Goyo sabía por experiencia propia que, si le volvían a atacar, la inmediatez de la situación y el factor sorpresa del ataque harían muy difícil recordar todo lo que había aprendido en CQP, por lo que, si se aplicaba los Toques Mágicos antes de un nuevo ataque, estaría preparado para afrontar esa eventualidad de un modo diferente. Igualmente, algunas noches, en la cama, el chico pasaba unos minutos visualizando modos nuevos de comportarse ante Rafa y su pandilla. Estaba haciendo grandes progresos con esas visualizaciones, ya que crecía en él una nueva confianza, la de aquella persona que se sabe soberana de sí misma y con capacidad de actuar en libertad.

Si en alguna ocasión volvían a surgir los viejos miedos con respecto a Rafa, su nueva visión sobre quiénes son los *bullies* o acosadores y cuáles son sus trucos le ayudaba a mantener la perspectiva y no dejarse engañar, impresionar o cegar. Pero, sobre todo, CQP le había ayudado a eliminar sus sentimientos de culpa y baja autoestima que en el pasado le impedían reaccionar ante aquellas agresiones con libertad. Ahora, interiormente, Goyo había logrado responsabilizarse solamente de aquellas cosas que formaban parte de su vida, y desprenderse de aquellas responsabilidades que correspondían a otros. Había comprendido que esas agresiones no eran su responsabilidad ni de su incumbencia, y aunque había sido una víctima circunstancial de ellas, eran Rafa y su pandilla quienes debían enfrentarse a las consecuencias de sus actos, no él.

Cuando aquella mañana, en el descanso entre dos clases, el chico se topó de bruces con Patricia, el encontronazo no le pilló de sorpresa.

—Patricia, tengo que hablar contigo —le dijo, sujetándola del brazo.

—Suéltame. No tenemos nada de que hablar —dijo ella.

—Yo creo que sí. Tenemos mucho de que hablar. Rafa y su panda te han tendido la misma trampa que a mí pero por motivos diferentes.

—¿Qué... qué quieres decir? —preguntó la chica, mirándole por primera vez a los ojos.

Goyo tomó del brazo a Patricia de nuevo y se la llevó lejos del bullicio de las escaleras. En un pasillo algo más solitario, el chico prosiguió:

—No te robé el monedero. Me tendieron una trampa. Alguien debió cogerlo de tu mochila y me lo colocó en la mía. Es más, juraría que fue en la clase de matemáticas. Justo en ese momento, Javi me hizo salir del aula con el pretexto de que alguien me llamaba, pero cuando me asomé al pasillo no había nadie. En ese momento debieron colarme tu monedero en mi mochila.

—¿Por qué harían una cosa así? —preguntó Patricia.

—Llevan machacándome todo el curso y no les debió de gustar que me plantaras dos besos después del partido. Al parecer Rafa tiene intenciones contigo. ¿No lo sabías?

Patricia esquivó la mirada inquisitiva del joven y se sonrojó.

—Siento mucho lo que ha pasado, Patricia, de veras —dijo.

La chica suspiró. Parecía especialmente abatida, y aquello sorprendió a Goyo.

—¿Qué vas a hacer? Todo el colegio piensa que fuiste tú —dijo ella finalmente.

—No lo sé. Lo importante es que tú sepas la verdad. Con eso me basta. No puedo controlar lo que piensen de mí los demás, ni tengo por qué darles ninguna explicación, pero creí que era necesario dártela a ti, puesto que también están jugando contigo.

—¡Qué asco y qué mal rollo! —estalló la chica.

—Entonces... ¿Me crees? —se aventuró Goyo.

Patricia permaneció un instante mirando al vacío, enroscando y desenroscando su dedo alrededor de un cordón que colgaba de su mochila.

—Sí. Creo que tienes razón. Rafa ha intentado matar dos pájaros de un tiro. El año pasado, mi hermano sufrió los acosos de un chico parecido a él y, por desgracia, me conozco bien sus estrategias.

–¿En serio…? Vaya, lo siento... ¿Cómo se encuentra tu hermano? ¿Ha podido superarlo?

–Ahí está, intentándolo. Mis padres se están planteando llevarle a un psicólogo –dijo Patricia, la voz entrecortada.

–Joer, qué movida, Patricia, lo siento mucho –Goyo se compadecía sinceramente de aquel chico.

–No te preocupes, tú también tienes lo tuyo. Si me necesitas para algo aquí me tienes –concluyó ella, recogiendo su mochila del suelo.

–Gracias, no sabes cuánto te lo agradezco –dijo Goyo.

Mientras él se alejaba aliviado, Patricia permaneció todavía unos instantes en aquel pasillo, intentando asimilar lo que Goyo acababa de decirle. Fue entonces cuando recordó que, al dar las gracias a Rafa por descubrir el supuesto robo del monedero, una incómoda sensación, sin causa aparente, se había apoderado de ella. Ahora estaba claro el porqué de aquel sentir. Se prometió a partir de entonces prestar más atención a ese tipo de corazonadas.

Rafa seguía sin aparecer y aquello favorecía más y más a Goyo, quien iba comprobando a cada minuto que pasaba en el colegio y a cada interacción con los demás estudiantes que definitivamente algo había cambiado en él y, a raíz de eso, en el trato que le brindaban los demás alumnos. Pocos eran ya los que se atrevían a confrontarle directamente sobre el asunto del monedero, y preferían guardarse sus opiniones. Aun así, Goyo presentía que no las tenía todas consigo y que muchos eran aún los que dudaban de su honestidad. Pero al chico le importaba cada vez menos. Se sentía fuerte en su propia clase y sentía, con sólo mirar a los compinches de Rafa, que éstos estaban más que amedrentados en ausencia de su jefe.

Acudió a su clase de Historia con las manos en los bolsillos y la mochila en la espalda, silbando una canción. En clase, la Guerra de los Cien Años que tanto interesaba al profe agobiaba a los alumnos por la pesadez de las explicaciones. ¿Acaso no había nada más entretenido que hacer, en el transcurso de toda la Edad Media, más que matarse los unos a los otros?, pensaban algunos.

Goyo disfrutaba de la clase por primera vez en muchos meses. Practicó el arte de estar atento a su respiración y se dio cuenta de que su capacidad de escuchar y observar había mejorado mucho, sin duda porque ya no se sentía nervioso ni intimidado por sus compañeros. Ahora comprendía las palabras de Roge, aquellas según las cuáles ningún insulto podía hacer mella en uno siempre y cuando éste hubiera hecho su trabajo interior y hubiera resuelto sus conflictos internos. Recordó aquellos insultos y se alegró al no sentir nada. Sabía que estaba en el camino correcto, trabajando interiormente. Lo que pudieran decirle una pandilla de acomplejados acosadores poco le importaba ya. Había nacido en él una fuerza y confianza nuevas que disolvieron sus miedos e inseguridades pasadas. Se sintió fuerte y afianzado, pisando con firmeza sobre la tierra.

–...¿No es verdad, Goyo? –dijo de pronto el profesor, sacando al chico de su ensoñación–. Quizás pueda usted decirnos entre qué dos reyes europeos estalló lo que hoy hemos dado en llamar la Guerra de los Cien Años...

–¡Entre Eduardo de Inglaterra y Felipe de Francia! –exclamó el chico, entusiasmado al descubrir que, a pesar de todo, la memoria le funcionaba mejor que nunca.

–Se ha librado usted, Señor Martínez. Pero le ruego que esté más atento en clase. Resulta obvio que está distraído –advirtió el profesor–. Aún así, su respuesta es vaga e imprecisa. Se trataba de Eduardo III y de Felipe IV de Valois.

–¿Y cuándo vamos a hablar de Juana de Arco? –preguntó entonces el Goyo.

–Al final de esos cien años –contestó el profesor, zanjando la cuestión.

Goyo sonrió con amargura. Aquella respuesta se parecía mucho a lo que le sucedía siempre con Roge y CQP: todo aquello que suscitaba su curiosidad quedaba siempre relegado a un oscuro e indeterminado después. Se prometió no esperar cien años hasta saber algo ni de Juana de Arco ni de Roge y sus aventuras.

Esta vez le costó encontrar al jardinero. Lo halló por fin en el parking, ayudando a descargar un camión con piensos y abonos para sus queridas plantas.

–¿Qué había en el baúl? –preguntó el chico.

–Muy buenos días, Goyo –dijo el jardinero con una enorme sonrisa.

–¡Dímelo, no puedo más! –replicó Goyo, alzando la voz.

–Antes de contestar a esa pregunta, tú has de contestar a una mía: ¿qué conclusión sacaste de la aventura africana? –dijo el jardinero, depositando el último saco de abono en el suelo.

–¡Eso no vale! ¡Yo pregunté primero! –se quejó el chico.

–Preguntar primero no significa que estés haciendo las cosas en el orden correcto. Antes de decirte qué contiene el baúl, he de saber qué has entendido de todo aquel viaje por África.

Lika apareció entonces dando brincos y vino a sentarse en el bordillo de la acera:

–¿Qué tal, chicos? ¿Qué tramáis?

–Tu tío no quiere contarme en qué acabó su aventura africana –gruñó Goyo.

–Y tu amigo no quiere contarme qué narices ha entendido de toda esa historia; ¿cómo puedo explicarle lo que encontré en ese baúl si antes no me dice lo que ha entendido? –replicó Roge.

–Ya veo. Estáis en un aprieto. ¡Cosa típica de hombres! –rió Lika.

–¿Y cómo resolveríais esto las chicas? –preguntaron Goyo y Roge al unísono.

–Muy sencillo: cuando en el cuarto de baño de chicas, nuestra zona de reuniones y máxima conspiración, nos encontramos ante un dilema así, siempre habla primero quien tenga en su bolso el *támpax* más largo.

–¿Quéee? –los dos varones se quedaron a cuadros.

–Qué poca imaginación tenéis. Echadlo a suertes y listo –aclaró la chica.

–Ni hablar –dijo Roge, cargando sobre sus hombros un saco de veinte kilos de tierra fértil.

Goyo miró al jardinero y comprendió que, de seguir empeñado en descubrir el contenido del baúl, se enfrentaría al silencio reprobador de Roge, así que, muy a pesar suyo, aceptó su derrota.

–Está bien, te contaré lo que creo haber entendido de tu viaje a Koti–Koti –dijo el chico al fin.

–Soy todo oídos, chaval –el jardinero depositaba de nuevo el saco en el suelo, sentándose junto a su sobrina sobre el bordillo de la acera.

CQP 1.0

Goyo permaneció de pie y, mirando hacia el cielo, rememorando lo que había leído en CQP, comenzó su relato:

—Huangzu comprendió que necesitabas que te explicaran las cosas de otro modo y decidió que fuera una mujer africana y su pueblo quien lo hiciera. Allí, descubriste no sólo la historia de aquel pueblo y cómo resolvieron sus conflictos, sino que tú en concreto estabas cargando a cuestas con un pesado bagaje, fruto de las cosas que viviste en tu infancia, cargado con emociones que no supiste o quisiste sentir en su momento por el dolor que te causaban. En el *bibilok* pudiste enfrentarte a tu pasado y, gracias a ello, descubrir que lo que contenía aquel baúl del que tanto huías antaño no contenía los horrores que quizás te imaginaste que había. Me quedé con que una luz cegadora salió del baúl. Eso es todo.

—Perfecto, lo has resumido a la perfección, Goyo; pero no has terminado de decirme qué enseñanza tan vital contiene la experiencia de Koti–Koti y que me ayudó a mí, ayudó a Lika y te ayudará a ti y a otras muchas personas. ¿Sabrías decirme cuál es? —insistió Roge.

—Humm... Que no tenemos por qué temer a nuestras emociones. Que hemos de descubrir cuáles son nuestros sentimientos y emociones verdaderas y reales ante las cosas que nos suceden en la vida para no mentirnos a nosotros mismos. También, que debemos ser capaces de sentir esas emociones para que no se enquisten en nosotros y nos creen complejos y traumas que cargaremos en el futuro y condicionarán nuestra vida. También que no debemos ignorar nuestros sentimientos y emociones por temor a que lo que sintamos haga daño a alguien. Hemos primero de reconocer nuestros sentimientos reales, y luego resolver nuestros conflictos con los demás, pero siempre desde el reconocimiento de cómo nos sentimos realmente... ¿Te refieres a eso?

Roge y Lika sonrieron. El jardinero alzó entonces su mano en dirección a su sobrina.

—Chócala, sobrina: ¡misión cumplida!

—¡Misión cumplida, Tío!

—Sí, sí; vosotros chocad las manos, pero ahora decidme: ¿qué narices contenía el baúl? —dijo Goyo.

—¿Se lo digo? —dijo el jardinero, mirando con sonrisa pícara a Lika.

—No sé, no sé... —respondió riendo ella.

—¡No puedo más! ¡Ya no os aguanto ni una! ¡Como me dejéis así os juro que no os vuelvo a dirigir la palabra en la vida! —gritó el chico fuera de sí.

El director del colegio apareció de pronto con unos papeles para que Roge los firmara, y todos se incorporaron, dando por zanjada la conversación. Goyo y Lika se escabulleron y, al poco tiempo, la campana sonó.

Irritado ante aquel nuevo contratiempo, Goyo subió corriendo hacia su clase. En el pasillo, todas las puertas de las distintas aulas se habían cerrado ya para dar comienzo a las clases. No quedaba allí ni un alma cuando, de pronto, a lo lejos, en el otro extremo del pasillo, surgió una figura que le resultó familiar. El chico tenía que llegar hasta el otro extremo para entrar en su aula, así que avanzó en aquella dirección, enfocando sus ojos cada vez con mayor precisión hacia aquella silueta que se encontraba de espaldas y permanecía inmóvil.

A escasos diez metros, Goyo reconoció por fin a aquella persona. Los pantalones desenfadadamente caídos por debajo de la cintura, las piernas arqueadas como un vaquero. No había dudas. Era él, Rafa.

—Eres un mierda, Rafa, ¿lo sabes? —dijo el chico, acercándose más y más—. No me das miedo. Nada de lo que puedas hacerme me afecta ya. Sólo tengo una pregunta que hacerte: ¿qué placer sacas de todo esto? —Goyo llegaba ya a la altura de Rafa.

Lo que vio entonces cuando su cara se giró para mirar el perfil del rostro de su agresor, le dejó sin habla.

Rafa se giró lentamente, no ya porque fuera un chico de movimientos lentos, sino porque cada hueso de su cuerpo parecía dolerle terriblemente. Tardó unos segundos muy largos en colocarse frente a Goyo. Cuando lo hizo, éste se quedó espantado ante la visión que tenía ante sí. Rafa estaba totalmente desfigurado, con la cara llena de moratones, restos secos de sangre y varias costras comenzando a cicatrizar en las múltiples heridas y cortes que surcaban su cara.

—¿Qué te ha pasado? —se exclamó Goyo.

El labio superior de Rafa estaba hinchado y el chico no pudo sino tartamudear:

—En casa... padre...

Goyo se quedó helado. La mirada de Rafa era otra. Estaba desorientado y con auténtico pánico en los ojos. Unos lagrimones se deslizaron por su rostro, provocándole escozor en aquellas heridas aún abiertas. Agachó la cabeza y se quedó ahí, ante Goyo, totalmente rendido.

—¿Quieres ir a clase? ¿Qué vas a hacer? ¿Has denunciado a tu padre? —Goyo se contagiaba por momentos del nerviosismo de Rafa.

—No... No sé qué hacer —dijo Rafa, totalmente perdido.

—Ven, vamos, te llevaré a ver a un amigo —dijo Goyo por fin.

La pareja caminó muy despacio, hombro con hombro, tomando especial cuidado al bajar las escaleras, ya que los quejidos y lamentos de Rafa señalaban que el chico lo estaba pasando mal.

Los jardines del colegio estaban desiertos, por lo que Goyo localizó rápidamente la gorra azul de Roge sobresaliendo por encima de unos arbustos.

—¡Roge, Roge! Mira... Mira lo que le ha pasado.

—¿Qué ha pasado? —preguntó Roge, reconociendo inmediatamente al gamberro que había acosado a Goyo durante todo el curso.

—No se le entiende mucho cuando habla, pero creo que dice que ha sido su padre.

Rafa asintió con la cabeza, temblando ante el jardinero.

—Tranquilo, chico, tranquilo… No te voy a hacer nada. Vamos a la enfermería. Goyo, vuelve a clase, yo me encargo de él —dijo Roge.

Goyo volvió caminando lentamente hacia su clase sobrecogido aún por lo sucedido.

—¡Goyo! —gritó el jardinero, justo antes de desaparecer por el fondo del jardín con Rafa—. Recuerda: la vida da siempre muchas vueltas, como una noria. ¿Recuerdas cuando hace semanas me preguntabas qué significaba A. A.? Pues ahora lo sabes… Por cierto, aún te queda un capítulo más que leer de CQP... Quizás allí encuentres lo que buscas.

CAPÍTULO 13

EL BAÚL

La aparición de Rafa con signos visibles de malos tratos conmocionó a todo el colegio. Goyo estaba estupefacto, ya que todas sus visualizaciones para hacer frente a su acosador parecían no haber sido necesarias ante el estado de su agresor. Javi, Jorge y Miguel se mantuvieron callados y distantes, ni tan siquiera acercándose a la enfermería para interesarse por la salud de su *jefe*. Los profesores aprovecharon el hecho para comentar en clase los efectos de los malos tratos, para que todos estuvieran informados de los síntomas, las consecuencias y cómo obrar en caso de ser víctima de ellos. Aquél, aunque debía ser un día feliz para Goyo, pues marcaba su liberación de las garras de Rafa, sin embargo no lo fue. El recuerdo de que todo acosado puede convertirse en acosador en un abrir y cerrar de ojos le hizo sentir una responsabilidad especial, y se prometió no caer nunca en el polo opuesto al que había estado experimentando como víctima de acoso escolar.

Aquella noche, con cierta solemnidad y ganas de olvidar la tensión vivida en el colegio, Goyo arrancó el programa CQP 1.0 del disquete que le habían entregado Lika y el jardinero hacía tan sólo unas semanas. Adivinaba que el final se acercaba, el final de toda aquella fascinante aventura en la que se había visto inmerso, como lector, como testigo, como protagonista. Una aventura que le había arrastrado hasta el fondo de su ser, hasta los abismos más oscuros de sus emociones y hasta los confines de África, en un poblado de imposible localización.

Roge, Lika, CQP1.0, Huangzu, Mzé y *Mister Pic*, Mama Tembo, Guna y la sabia Majarú formaban ya parte de su existencia, cada uno con su mensaje, con su esencia y energía particular, aportándole una visión nueva de la realidad, una nueva comprensión con distintos matices de las cosas de la vida.

Goyo se sentía totalmente transformado por aquella experiencia. Pero al mismo tiempo y a pesar de aquellos cambios, notaba que se encontraba más centrado en su ser, con los pies sobre la tierra, siendo sí mismo por primera vez en mucho tiempo, libre de los miedos y complejos que le asolaban en el pasado. Sólo había una cosa que no había cambiado en el transcurso de aquellas semanas, un «defectillo» sin remedio alguno del que parecía que nunca podría curarse: su curiosidad crónica.

Así que, dejando de lado sus contemplaciones, sucumbió a sus deseos de saber cómo acababa CQP1.0. Abrió el programa, suspiró y leyó para saciar, una vez más, su sed:

Si has llegado hasta aquí, querido lector y valiente explorador, sin duda lo haces después de terribles pruebas, innumerables miedos, incontables dudas, atormentados momentos soledad. Momentos en los que dudaste de ti mismo, no supiste cómo obrar, qué hacer, qué pensar y qué creer; momentos en los que el suelo que pisabas se convertía en lodo resbaladizo y no sabías dónde pisar firme, cuál era tu base, tu punto de referencia y de apoyo en la vida. No sabías siquiera cómo ibas a respirar un segundo después de haberlo pensado, todo tu universo en crisis, tu barco a la deriva, tu capitán perdido en su maremoto interior.

Has de saber con total certeza que eres un valiente explorador. Siéntete orgulloso de ti mismo porque has viajado por donde pocos se han aventurado jamás a hacerlo a lo largo de toda su vida.

Ahora sabes, porque estás aquí y ahora respirando las placidas olas de tu tranquilo mar interior, que habrá momentos como esos, momentos de crisis y desolación, momentos en los que parecerás estar perdido, sin dirección ni orientación. Porque sí, los habrá. Volverás a tenerlos, ¿para qué engañarnos?: El mar es así, a veces plácido, a veces tempestuoso.

Pero ahora también sabes que, a pesar de esas variaciones en tu climatología particular, tu historia peculiar, tus relaciones personales, siempre tendrás la posibilidad de observar aquello que te sucede no ya desde el epicentro del maremoto, sino desde la sólida base que has ido construyendo a lo largo de todo este proceso que comenzó cuando fuiste atacado por unos acosadores, te creíste sus proyecciones mentales e, inconscientemente, comenzaste a responder a ellas con signos de derrota. Fue a partir de tu declaración de no soportarlo más cuando iniciaste tu proceso de transformación y liberación, y cuando las respuestas comenzaron a llegarte, quizás con la forma de este disquete, quizás de alguna otra forma, y, entre tus ganas y la ayuda de otros que han pasado por lo mismo, pudiste romper con los hechizos de tus agresores y ver la realidad con mayor claridad.

Ahora sabes que las respuestas vienen a quienes se atreven a preguntar, que la visión mejora a quien se anima a escrutar el horizonte con inquisitiva mirada, que la libertad llega a quien ha dejado de temerla. Ahora sabes que eres libre a pesar de todo, incluso a pesar de ti mismo y tus nuevas dudas, nuevos miedos, nuevos acosos. Ahora ya existe en ti esa montaña interior que podrás escalar siempre que necesites recobrar el sentido, la visión, la claridad.

Una luz cegadora me eclipsó al abrir el baúl. Me inundé de aquella luminiscencia y sentí que me fundía en un abrazo eterno con alguien que había surgido del fondo de aquél viejo cofre. Me sentí lleno, completo, unido a algo que formaba parte de mí mismo y que nunca había podido sentir como hasta ahora. Permanecimos él y yo largo rato, así abrazados, hasta que por fin la luz se desvaneció y, durante un pequeño instante que se me hizo eterno, pude ver quién era aquel ser al que me había unido de tal modo: yo. ¡Era yo mismo! Mi propio ser, sonriéndome como jamás me habían sonreído, con una mirada de profundo amor y comprensión.

Rompí a llorar, comprendiendo que durante todos aquellos años me había dado la espalda a mí mismo, a mi más profundo ser interior. Comprendí que las agresiones que había sufrido por parte de mi padre, la persona en quien más debía confiar, me habían sumido en tal confusión que había llegado a culpabilizarme por todo lo sucedido, y, habiendo hecho eso, me di la espalda a mí mismo. Caminé entonces sin sombra, sin base ni centro y ni raíces, a la deriva, como así caminan por desgracia muchas de las personas que han sufrido agresiones por parte de otros, como tú, que hoy lees éste disquete.

Huangzu y Mama Tembo habían visto el terrible estado de separación interna y de infelicidad en el que me encontraba y, juntos, cada uno a su modo, me encaminaron como te ha encaminado a ti CQP1.0 hacia tu interior, invitándote suavemente a que te atrevieras a mirar el contenido de tu baúl particular, tu dolorosa carga, que, separada de ti, soportabas a tu espalda. No temas mirar en su interior porque, aunque pienses que lo que te encontrarás estará lleno de palabras de reproche y sentimientos de culpabilidad, la realidad es bien otra.

Encontrarás a un amigo, a tu mejor amigo, a ese ser que, si le permites, a partir de ahora siempre estará a tu lado, apoyándote en todo momento, alentándote, nutriéndote, queriéndote, respetándote, protegiéndote. Ese ser, que eres tú en tu esencia verdadera, es tu verdadero refugio, tu fuente de poder interno, la fuente de amor de la que podrás beber siempre que lo necesites. Si aceptas a ese ser que eres tú, nunca más volverás a estar sólo. Te lo prometo. Estarás por fin completo.

CQP1.0 se despide de ti, no ya con un adiós sino con un hasta luego. El disquete ha de cambiar de manos. Ha llegado la hora de cumplir con aquellas palabras que profirió el anciano en el *bibilok* y que no fueron escuchadas... Ha llegado la hora de compartir esta experiencia con otras personas...

Y nunca olvides que, pase lo que pase, llevas tres palabras grabadas en el corazón: «¡CLARO QUE PUEDES!».

FIN

APÉNDICE

Toques mágicos contra el acoso escolar

Los Toques Mágicos de CQP están basados en concreto en EFT, acrónimo de Emotional Freedom Techniques, que a su vez está basado en la ciencia de la acupuntura y la estimulación de los meridianos por donde fluye la energía sutil del cuerpo. Ésta es otra más de las herramientas elegidas por CQP para ayudarte a superar los efectos del acoso escolar y tu reacción ante esas agresiones, porque creemos que transformar tu forma de reaccionar ante los acosos ayudará en gran medida a eliminarlos. Entendemos que cuando un agresor no encuentra ya en su víctima la reacción que espera encontrar, dejará de sentir placer al agredirle, y con ello quizás sea capaz de tomar conciencia de cómo sus acciones arruinan su vida y la de los demás.

Además, liberándote de la excesiva carga de las emociones negativas producidas por el acoso, sentirás una creciente confianza personal y estarás en mejores condiciones para afrontar una nueva agresión si ésta se produjera, porque estarás suficientemente sereno y tranquilo como para obrar del mejor modo posible sin condicionamientos del pasado.

EFT se basa en el principio de que la causa de todas las emociones negativas que sentimos no es el recuerdo de una situación que hemos vivido, sino un bloqueo en el sistema energético de nuestro cuerpo que, a menudo, se produce al tiempo que vivimos una situación traumática, miedo o fobia. Esto explicaría por qué algunas personas permanecen atrapadas en un recuerdo traumático y otras logran superarlo antes.

Los meridianos descritos en la medicina china y utilizados en acupuntura, son los canales por donde fluye la energía eléctrica del cuerpo. Así, EFT combina suaves toques con las yemas de los dedos para estimular los meridianos, al tiempo que nos concentramos en un problema que queremos resolver con el fin de eliminar el bloqueo en el circuito eléctrico del cuerpo. Así, reestablecemos el correcto flujo de energía en el cuerpo y logramos que desaparezca o disminuya considerablemente la excesiva carga de negatividad que soportamos al acordarnos del problema.

El *bullying* o acoso es una experiencia traumática en la que nuestro sistema energético se bloquea fácilmente ante la avalancha de emociones que sentimos mientras nos agraden, y sobre todo después de ser agredidos. Calificamos a estas emociones de *negativas* no sólo porque sean malas en sí, sino porque cuando no son procesadas correctamente por el cuerpo éstas nos arrastran en una espiral descendente hacia estados depresivos y de impotencia que nos impiden ser felices y sentir las emociones más positivas del espectro emocional tales como el amor, la alegría, el entusiasmo, la confianza, la seguridad, la entereza, el optimismo, etc. Las emociones negativas o mal procesadas parecen querer anclarnos en un pozo oscuro del que no nos quieren dejar salir, aunque en realidad no son éstas las que nos anclan, sino el bloqueo energético que sufrimos al sentirlas.

CQP ha diseñado un protocolo aplicado al acoso escolar que en ningún modo constituye la única forma de abordar un tratamiento orientado a las agresiones entre alumnos. Antes de continuar, hemos de indicar que CQP no se hace responsable del uso y mal uso de esta técnica, y que cada persona que decida utilizarla se hará responsable exclusivo de ello. Emplearla no es en ningún caso un sustituto de los tratamientos psicológicos que pueda estar recibiendo un alumno o víctima de acoso. En todo caso es un complemento que, combinado con la ayuda del terapeuta, puede resultar de máxima eficacia. **(Si no estás de acuerdo con este punto es mejor que no prosigas la lectura de éste apéndice**).

Cómo aplicar los Toques Mágicos

CQP ha elegido una versión más corta que EFT para la aplicación de los Toques Mágicos. Antes de aplicar esta técnica, es importante que estemos hidratados, por lo que recomendamos beber uno o dos vasos grandes de agua.

Es necesario que estemos bien sintonizados con la situación que queremos sanar, recordando con cierta intensidad lo que nos ha sucedido sin tampoco llegar a sufrir un gran dolor al recordarlo. Es importante poder sintonizar emocionalmente con la situación y no sólo mentalmente, porque lo que pretendemos sanar es nuestra reacción ante nuestras emociones y no nuestras ideas sobre ello

Los toques se aplican suavemente con las yemas de los dedos índice y corazón en una serie de puntos del cuerpo al tiempo que se repite una frase. **La frase que determina la causa a sanar** con los Toques Mágicos se repite tres veces, a la vez que se frota en forma circular y con el nudillo de los dedos una zona que produce cierta molestia, unos cuatro o seis centímetros debajo de la clavícula, a medio camino entre ese hueso y el nacimiento del pecho. Es una zona que suele molestarnos al presionarla porque forma parte del sistema linfático.

Ejemplo de frase: *«Aunque hoy Carlos me insultó llamándome gordo seboso a la salida del comedor, me quiero y me acepto plenamente»*.

Es importante que la frase describa lo sucedido lo mejor posible, y detalle las emociones que hemos sentido con nuestras propias palabras. Si es necesario utilizar una palabra malsonante porque así conectamos mejor con la situación que queremos sanar, es mejor emplearla. Hay veces que la frase determinante no logra reducir el bloqueo energético, pero si la repetimos con mucho énfasis, sobre todo en la parte positiva de la frase, en la que nos aceptamos, perdonamos o queremos, a menudo logramos resolver el bloqueo. (Más adelante incluimos ejemplos de frases).

Después de la frase determinante, pronunciamos una frase más corta, que nos ayuda a permanecer sintonizados con el problema a sanar. **La frase de apoyo** la pronunciamos una vez, al tiempo que damos unos seis o siete toques mágicos en cada uno de los siguientes puntos de la cara, cuerpo, dedos de la mano y coronilla. Ejemplo: *«Me llamó gordo seboso»*, o bien simplemente: *«gordo seboso»*.

Puntos a tocar

Cara:

Junto al nacimiento de la ceja. Seis o siete toques y frase de apoyo.
En el borde externo de la ceja. Seis o siete toques y frase de apoyo.
Bajo el ojo. Seis o siete toques y frase de apoyo.
Entre la nariz y el labio superior. Seis o siete toques y frase de apoyo.
En la barbilla. Seis o siete toques y frase de apoyo.

Cuerpo:

Bajo el hueso de la clavícula. Seis o siete toques y frase de apoyo.
A unos diez centímetros por debajo de las axilas. Seis o siete toques y frase de apoyo.

Manos:

En el lateral derecho de cada uno de los dedos de la mano, donde comienza la uña. Seis o siete toques y frase de apoyo.

En el *punto karate*: el centro de la parte carnosa del canto de la mano, entre la muñeca y la base del dedo meñique, el lugar con el que naturalmente, si fueras karateca, romperías o intentarías romper un ladrillo. Seis o siete toques y frase de apoyo.

Cabeza:

En el centro de la coronilla. Seis o siete toques y frase de apoyo.

También podemos aplicarnos los TM repitiendo en cada punto del cuerpo la frase determinante entera. El procedimiento es más largo pero a veces más eficaz.

La elección de la frase determinante

Aunque la estimulación de los puntos ayuda de por sí a restablecer el correcto flujo de la energía en los meridianos, el uso de una frase determinante es muy importante para sanar definitivamente una herida, por muy vieja que sea. La frase es como una poderosa afirmación que nos hacemos a nosotros mismos en la que, si bien reconocemos que algo nos desagrada, nos da miedo, nos causa dolor o pena, por otro lado nos queremos y nos aceptamos plenamente como somos. Aceptarnos incondicionalmente tal y como somos nos abre la puerta a transformarnos como personas y a ser nosotros mismos al margen de lo que digan los demás. La relación con nosotros mismos es la relación más importante que hemos de cultivar cada día de nuestra vida si que queremos vivir plenamente. Si no nos aceptamos, no nos queremos, no nos perdonamos, no nos cuidamos, no nos protegemos, ¿quién lo hará por nosotros? Nadie está las veinticuatro horas del día con nosotros salvo nosotros mismos. ¡Cuanta gente huye de su propia compañía y se abalanza hacia todo tipo de actividades, no siempre recomendables, con tal de no soportar su presencia!

Para poder elegir la frase determinante habrás de sintonizar con el problema y describirlo de la forma más precisa, con tus propias palabras y tu jerga colegial si es necesario. Eso te ayudará a entrar en contacto con el bloqueo. Recuerda que es mejor que pronuncies las frases de forma exagerada, poniéndoles mucho énfasis, porque así el mensaje llegará de forma más impactante a tu sistema energético. Si es necesario, eleva la voz. ¡Utilizar frases con sentido del humor también produce excelentes resultados!

Protocolo de Toques Mágicos para el acoso escolar

Ahora que ya tienes las instrucciones básicas sobre cómo se aplican los Toques Mágicos, éste es el procedimiento que puedes seguir para emplearlo:

1. Coge lápiz y papel y escribe en un folio qué te sucede, quién te está agrediendo y de qué modo lo está haciendo. Indica los insultos que te dicen, las agresiones físicas que te provocan y todo cuanto te ha sucedido relacionado con el acoso. Si te cuesta escribir, imagínate que eres un inspector de policía haciendo un informe e intentas ser lo más preciso posible. Por ejemplo:
   «Carlos me llamó enano pulgoso delante de todos el miércoles pasado.»
   «Los compañeros se ríen de mi por los pantalones rojos que llevo.»
   «Antonio me puso la zancadilla en el colegio y al caer todos se rieron de mí.»
   «Pedro y María me dijeron que nunca seré nadie porque soy un mierda.»
   «Al salir de la clase, me agarraron y me empujaron por las escaleras.»

2. En otro folio aparte, escribe cómo te sientes ante esas agresiones, qué efecto producen en ti. Quizás sientas una mezcla de
emociones. Anótalas una a una haciendo un esfuerzo por localizar las distintas emociones y sensaciones que sientas durante
la agresión. Por ejemplo:

«Me sentí avergonzado de mi mismo.»

*«Me siento un 'gallina' por no hacer frente a estos ataques como lo haría
un valiente.»*

«Si mi padre se entera de esto seré el hazmerreír de la casa.»

«Siento pánico cuando esos chicos se acercan a mí.»

«Tengo miedo de que me peguen.»

«Me siento culpable de lo que sucede.»

«Me siento hecho polvo, desesperado.»

«Estoy hundido, no sé qué hacer.»

«Me quedo con la mente en blanco, incapaz de reaccionar.»

«Estoy asustado.»

«Me cabrea lo que sucede.»

«Estoy deprimido.»

«Siento que nunca saldré de Esta situación.»

«Si fuera de otra forma no tendría este problema.»

*«El problema es que soy gordo / bajito / flacucho / idiota / débil / torpe /
etc...»*

«Me siento confuso no sé por qué me pasa esto.»

3. En otro folio aparte, anota las sensaciones físicas que sientas
durante y después de la agresión. Por ejemplo:

«Cuando me agreden se me nubla la vista.»

«Siento palpitaciones.»

«Se me corta la respiración.»

*«Siento como si me hubieran dado un puñetazo en el estómago, pero no lo
han hecho.»*

«Me tiemblan las piernas.»

«Me quedo mudo, incapaz de hablar.»

«Me quedo paralizado, sin saber qué hacer.»

«Siento una opresión en el corazón.»

«Siento zumbidos en los oídos.»

«Me siento mareado, con ganas de vomitar.»
«Me pongo a temblar.»
«Siento que se me agarrotan la espalda y los hombros.»
«Se me seca la boca.»
«Me entra una ansiedad tan grande que tengo que comer cualquier cosa, en general galletas, bollos, pan, chocolate.

4. En un cuarto folio, anota las emociones y sensaciones que sientes pasados unos días, semanas o meses después de la agresión. A menudo nuestras emociones van cambiando y son mucho más amargas con el paso del tiempo. También se pueden tratar. En general, esas emociones serán de amargura, rencor, ganas de venganza, odio, incapacidad de olvidar y perdonar.

5. Una vez escritas las listas mencionadas, coge una frase de cada una de ellas y aplícate un mínimo de dos o tres rondas de Toques Mágicos para reducir la intensidad de las emociones o el dolor que sientas al revivirlo. Por ejemplo, en la primera lista puedes tener una frase como:
«Aunque Carlos me llamó enano pulgoso a la salida del colegio delante de todos los alumnos, me quiero y me acepto plenamente como soy.»
En la segunda lista, nos podemos encontrar con una reacción como ésta ante estos insultos:
«Aunque debido estos ataques me avergüenzo de mí mismo, sé que en el fondo soy un chaval estupendo y que saldré adelante.»
En la tercera lista, de síntomas físicos, podemos tener la siguiente frase:
«Aunque cuando Carlos me mira con esos ojos amenazantes siento palpitaciones en el corazón, me acepto plenamente como soy y sé que todo saldrá bien.»

El formato para crear frases es sencillo. Siempre comenzamos con: *«Aunque sucede 'esto' o 'aquello'... me quiero y me acepto plenamente.»* Podemos introducir variantes a esta frase para acelerar nuestra curación, o cuando vemos que la segunda parte de la frase requiere algunos cambios.

Si tienes dificultades para crear tus propias frases, aquí encontrarás algunos ejemplos de **emociones básicas** que se sienten habitualmente ante una agresión e ideas para terminar la frase:

–Miedo, pánico, terror, espanto, horror, repulsa, asco.

–Angustia, ansiedad, inseguridad, confusión, perturbación, desconcierto, desconfianza, recelo, estupor, consternación.

–Fastidio, irritación, enfado, indignación, cólera, ira, odio, rabia.

–Dolor, sufrimiento, desengaño, desesperanza, desaliento, depresión, tristeza, melancolía, apatía, ideas suicidas, pesimismo.

–Culpabilidad, resignación, vejación, humillación, impotencia, arrepentimiento por ser cómo eres, vergüenza propia, desamparo, sentirse fracasado.

Si no estás inspirado para encontrar tus propias frases, puedes identificar en esta lista alguna emoción que sientas recordando un hecho en concreto y construir una frase con ella. Por ejemplo: *«Aunque siento miedo, me quiero y me acepto plenamente»*. Repite esta frase tres veces al tiempo que frotas en círculo en ese punto ligeramente doloroso entre la clavícula y el pecho. Luego aplicas los Toques Mágicos en cada punto de la cara, las manos y la cabeza, repites la frase de apoyo: *«siento miedo»*.

Ejemplos de frases

Los enunciados de estas frases parecen contradictorios porque en la primera parte afirmamos una realidad y en la otra afirmamos lo contrario. Esto tiene su razón de ser, ya que estamos aceptando lo que nos sucede en lugar de ignorarlo, al tiempo que introducimos un nuevo comportamiento más positivo y esperanzador en la segunda parte de la frase. Utiliza tu imaginación para construir las frases que más te estimulen y te ayuden a generar fuerza, optimismo, esperanza y otros sentimientos positivos, como por ejemplo:

«Aunque siento miedo, vergüenza, dolor, frustración, ansiedad, etc., me quiero y me acepto plenamente.»

«Aunque (…), sé que soy un chaval estupendo.»

«Aunque (…), lo que me han dicho es mentira, yo sé que soy buena gente.»

Aunque (...), me acepto plenamente como soy y me perdono a mí y a las personas que me han hecho daño, porque sé que soy un tío genial y esos chicos no saben lo que hacen.»

«Aunque en el colegio me peguen (acosen / ataquen / insulten), soy un chaval fuerte y lleno de vida y energía, y sé salir adelante con confianza en mí mismo.»

«Aunque (...), yo sé que esos insultos no significan nada.»

«Aunque me critiquen y digan que tengo defectos, soy perfectamente imperfecto, como todo el mundo, y me acepto como soy.»

«Aunque parece que nadie me quiere, yo me quiero y me acepto plenamente como soy, y sé que, aunque no me he dado cuenta, otras muchas personas saben apreciarme tal y como soy.»

«Aunque (...), me siento seguro y confiado porque, aunque digan lo contrario, yo sé que soy una persona estupenda.

«Aunque intentan que caiga en la trampa del 'bullying', yo sé que es sólo una idea en la cabeza del agresor y no tengo por qué aceptarla.»

«Aunque (...), soy mi mejor amigo y me protejo y cuido profundamente, y sé que esta situación es pasajera y que todo saldrá bien.»

«Aunque (...), estoy orgulloso de mí mismo porque yo no necesito ir atacando a nadie para sentirme fuerte y seguro de mí mismo: ya lo soy.»

«Aunque (...), soy un chico fuerte y confío en mí mismo.»

«Aunque (...), voy a superar este problema.»

«Por mucho que intenten aplastarme, la fuerza está conmigo y siempre seré una persona libre y en pleno dominio de mí misma.»

«Aunque (...), nadie puede robarme mi libertad, mi fuerza, mi autoestima, mi respeto hacia mi mismo.»

«Aunque me torture a mí mismo pensando que no valgo nada, me quiero total e incondicionalmente, y siempre me apoyaré a mí mismo.»

«Aunque un 'bully' intente hacerme daño, nunca podrá acceder a mi interior. Ahí siempre soy libre, poderoso, y estoy a salvo.»

«Aunque (...), soy feliz de ser tal y como soy.»

Duración del tratamiento con los TM

Es aconsejable que, si estás siendo agredido a diario en el colegio, te apliques los TM todos los días: por la noche, recordando lo que ha sucedido y tratando uno a uno los insultos que te han dicho; por la mañana, antes de ir al colegio, eligiendo frases que te den ánimo y te hagan sentir fuerte y con esperanzas. Incluso en el colegio puedes encontrar un momento para ir a los aseos y, si te encuentras muy nervioso, aplicarte unas cuantas rondas de TM para reducir esos nervios.

La técnica de la película

A veces funciona muy bien visualizar lo que nos ha ocurrido como si fuera una película, al tiempo que nos aplicamos unos TM en silencio, conforme vamos imaginando las distintas escenas que nos han ocurrido. Podemos hacer así varias rondas y terminar con unas simples frases positivas para reforzar nuestra autoestima. También, si estamos tan alterados que no podemos hablar o estamos llorando, los Toques Mágicos, aplicados en silencio durante un buen rato, nos aliviarán mucho.

Toques Mágicos para elevar los ánimos

Estos Toques Mágicos son exclusivamente para introducir nuevos pensamientos y actitudes más positivas que eleven tu autoestima gradualmente. Puedes aplicártelos cuando necesites un apoyo extra. Sé creativo con las frases. He aquí algunos ejemplos:

«La fuerza está conmigo.»
«Estoy lleno de energía.»
«El mundo me sonríe y me apoya.»
«Cada vez estoy más alegre y contento.»
«Me respeto profundamente.»
«Me quiero total e incondicionalmente.»
«Me merezco lo mejor.»
«Soy un tío estupendo.»
«Estoy lleno de salud y de vida.»
«Me siento seguro y confiado.»
«Soy feliz de ser tal y como soy.»

Utiliza tu imaginación. Con el tiempo quizás descubras que respondes mejor a los TM en ciertos puntos del cuerpo y no en otros. Utiliza esos puntos y aplica ahí los TM. Si obtienes resultados positi-

CQP 1.0

vos, te ahorrarás el tener que aplicar toda la secuencia de Toques Mágicos, algo muy útil cuando no se dispone de mucho tiempo para hacerlo.

Para más información sobre EFT: www.emofree.com

Allí encontraréis sobretodo información en inglés pero existe un enlace que os llevará a un manual gratuito en castellano.

Nota:

La autora y *Monjes Locos* quieren hacer constar que no mantienen ninguna relación comercial con EFT, Emofree o Gary Craig ni perciben ningún beneficio económico por divulgar esta técnica.